기법론적 중심으로

음악 치료 기술

김현정, 김성기 지음

MUSIC THERAPY TECHNIQUES
Technique oriented

1

지식공감

기법론적 중심으로
음악치료기술 1
MUSIC THERAPY TECHNIQUES
Technique oriented

초판 1쇄	2014년 10월 28일
지은이	김현정, 김성기
발행인	김재홍
디자인	박상아, 고은비
교정·교열	안리라
마케팅	이연실
발행처	도서출판 지식공감
등록번호	제396-2012-000018호
주소	경기도 고양시 일산동구 견달산로225번길 112
전화	02-3141-2700
팩스	02-322-3089
홈페이지	www.bookdaum.com
가격	15,000원
ISBN	979-11-5622-050-3 14510
	979-11-5622-049-7 14510 (세트)
CIP제어번호	CIP2014030742

이 도서의 국립중앙도서관 출판시 도서목록(CIP)은 e-CIP 홈페이지(http://www.nl.go.kr/ecip)에서 이용하실 수 있습니다.

ⓒ 김현정, 김성기 2014, Printed in Korea.

- 이 책은 저작권법에 따라 보호받는 저작물이므로 무단전재와 무단복제를 금지하며, 이 책 내용의 전부 또는 일부를 이용하려면 반드시 저작권자와 도서출판 지식공감의 서면 동의를 받아야 합니다.
- 파본이나 잘못된 책은 구입처에서 교환해 드립니다.
- '지식공감 지식기부실천' 도서출판 지식공감은 창립일로부터 모든 발행 도서의 2%를 '지식기부 실천'으로 조성하여 전국 중·고등학교 도서관에 기부를 실천합니다. 도서출판 지식공감의 모든 발행 도서는 2%의 기부실천을 계속할 것입니다.

기법론적 중심으로
음악 치료 기술

김현정, 김성기 지음

Music
THERAPY TECHNIQUES
Technique oriented

1

목차

음악치료 기술
-기법론적 중심으로-

• 서문 … 6

제1장 • 국악치료 … 7
1. 국악의 이해
2. 국악치료의 특징과 방법
3. 국악치료의 활용

제2장 • 심상음악치료 … 57
1. 유도된 심상음악치료(Guided Imagery and Music)
2. 음악과 심상(Music and Imagery)

제3장 • 신경학적 음악치료 … 99

1. 음악과 감각
2. 신경학적 음악치료(Neurological Music Therapy) 기법

제4장 • 성악치료 … 141

1. 노래심리치료(Song Psychotherapy)
2. 성악심리치료(Vocal Psychotherapy)

제5장 • 오르프 음악치료 … 169

1. 오르프
2. 오르프 음악과 음악치료
3. 오르프 필수 개념
4. 오르프 음악치료의 특징
5. 오르프 음악치료의 단계
6. 오르프 음악치료의 목표

서문

처음 보는 사람들과 통성명을 할 때면 자연스럽게 직업에 대해서도 질문이 오가게 된다. 직업에 대한 질문에 '음악치료사'라고 대답하면 상대방의 반응은 일반적으로 다음과 같다.
"저도 치료해주세요."
"음악으로 어떻게 치료하나요?"
"우울할 때 어떤 음악을 들으면 좋나요?"

아마 많은 음악치료사들과 음악치료학도들은 위의 이야기에 공감할 것이다. 오죽하면 위의 예상(?) 질문들의 답변을 미리 작성하여 코팅한 뒤 질문하는 사람들에게 읽으라고 지갑에 넣어다녀도 좋을 것 같다는 우스갯소리를 하기도 한다.

한국에 음악치료를 전문적으로 배울 수 있는 학위과정이 생긴 지 18년이 되었다. 다른 학문들에 비하면 비교적 역사가 짧은 편이지만, 그 기간 동안 한국의 음악치료는 예술치료에 대한 사회제도적 미흡과 문제에도 불구하고 양적으로나 질적으로 빠르게 성장하고 있다고 생각한다.
더군다나 현대인들은 치료에 대한 많은 욕구를 가지고 있다. 현대사회에서 인간은 여러 심리·정서적, 정신적, 신체적으로 여러 가지 문제를 호소하고 있다. 이는 힐링(Healing), 치료라는 말들이 사회적으로 이슈가 되는 이유기도 하다. 저자가 음악치료사로서 들었던 "저도 치료해주세요."라는 말이, 현대인들의 치료에 대한 욕구와 필요성을 나타내는 일례이다.

이러한 음악치료에 대한 현대인들의 욕구와 음악치료의 성장에도 불구하고, 저자는 아직 음악치료가 초창기라고 생각한다. 이는 음악치료에 대한 폄하가 아니라, 오히려 음악치료에 아직 밝혀지지 않은 잠재된 무궁무진한 힘이 있다는 믿음이자 경외심이다. 시기적으로도 음악치료는 아직 초창기기 때문에 우리는 음악치료 기법들의 창시자들 중 많은 사람들을 아직 만날 수 있다. 창시자와 동시대에 살고 만날 수 있다는 점은 다른 분야의 연구자들이 음악치료를 부러워하는 이유기도 하다.

이 책에서는 음악치료에 대해 기법론적 중심으로 다루어져있다. 음악치료 기법들은 전통과 현대로 분류하기에는 아직 그 시기가 짧다. 이 책의 저자와 독자들은 음악치료 1~2세대로 향후 음악치료에 선구자적 역할의 세대이다. 선구자의 세대는 음악치료의 기틀을 세우고 다양한 기법들을 정립하여 가능성을 열어야 한다. 따라서 기존의 기법을 연구하여 발전시켜야함과 동시에 새로운 기법을 모색해야 한다. 이 책에서는 비교적 알려져 있는 기법에 대해서는 단계적이고 논리적으로 살펴보았다. 또한 임상현장에서 종종 활용되지만 이론적으로 정립되지 않은 기법에 대해서도 살펴보았다.

이 책에서는 의학적, 심리치료적, 교육적 기법을 모두 아울렀다. 음악치료 임상현장은 병원, 심리치료센터, 상담실, 학교 등 다양한 곳에서 필요로 하고 이루어지기 때문에 이 책에서는 이를 염두에 두고 다양한 기법을 안내하였다. 모쪼록 이 책이 음악치료사와 음악치료학도들에게 도움이 되기를 간절히 바라는 마음이다. 끝으로 출간에 도움을 주신 분들과 지식공감 관계자 여러분께 감사를 드린다.

2014년 10월 다부리에서 저자 김현정·김성기

음악치료기술 제1장

국악치료

Music Therapy

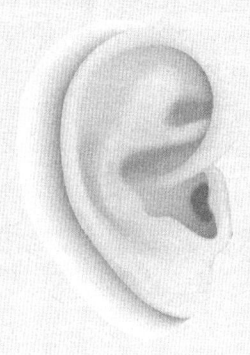

음악은 사람들의 교류적 활동을 이끌어 상호 간 지지의 경험을 제공하고 심리적 안정감과 정서적 만족감을 준다(Sears, 1968). 음악에 대한 개인의 반응은 자신이 자라온 고유의 문화적 맥락 안에서 영향을 받으며(Merriam, 1964), 동서양을 막론하고 어느 민족이나 자기 고유의 독특한 음악을 간직한다. 이러한 고유의 음악인 전통음악은 오랜 세월 동안 그 민족의 삶과 정서에 녹아들어 민족과 하나가 되었기 때문에, 토속적이며 풍토색이 짙다. 또한 원초적인 리듬, 반복적인 가사와 멜로디, 단순한 음악 형식, 친숙한 주제 등이 치료에 적합한 특성을 지닌다(윤정림, 2001).

음악치료에서는 각각의 나라마다 다른 사회문화적 특성과 이로 인한 정서적 차이점들을 고려하여 적용해야 한다. 최근 전통음악 요소를 치료 상황에 적용하여 각 나라의 정서에 맞는 치료 방향을 모색하고자 하는 경향이 나타나고 있다. 전통음악은 그 나라의 보편적인 음악 요소를 가지고 원초적 자극을 제공함으로써 클라이언트의 내적 대결을 위한 저항을 없애주고 문제를 해결하는 치료적 힘을 제공한다(Moreno, 1999). 많은 음악치료 연구가들은 클라이언트가 속한 문화의 전통적인 음악이 비전통음악에 비해 더욱 효과적임을 밝혔다(Moreno, 1988; Wapnick, Mazza & Darrow, 1998; 윤정림, 2001).

우리나라의 전통음악, 즉 국악과 음악치료는 깊은 연관성을 가지고 있다. 우리나라 고유의 악기로 이루어지는 국악은 소리와 장단, 춤사위 속에 '맺고 풀음', '합자연의 미의식', '다이내믹, 생명력, 힘', '변화무쌍', '신명' 등 우리의 정서에 자리 잡은 수많은 음악적 특성들이 내재되어 있다(이보형, 1992). 음악은 그 민족과 사회를 반영하는 것으로, 우리의 오랜 역사와 함께 해온 국악 역시 우리의 음악 활동의 근간이 되며, 이를 현재 행해지는 음악치료에 접목시키는 것은 중요한 일이다. 우리의 오랜 역사를 통해 국악의 가락이나 특성이 민족적 정서로 형성되어 있으므로 국악치료는 우리 정서에 맞는 치료이다.

1. 국악의 이해

국악의 개념 및 특성

우리나라의 전통음악에 대한 용어는 여러 관점에 따라 국악, 전통음악, 민족음악, 한국음악 등으로 다양하게 쓰여 왔다. '전통음악'의 새로운 용어인 '국악'의 사전적 의미는 '그 나라의 고유한 음악, 우리나라의 고전 음악'이다. 또, 양악(서양음악)의 대칭어로 사용되며 전통적으로 전래되어 내려오는 우리나라의 모든 전통음악을 포괄하는 의미로 쓰이고 있다(양은정, 1997). 우리 고유의 음악인 국악은 음악과 시, 그리고 춤이 함께 어우러지는 것이라고 볼 수 있다. 노동은(1994)은 음악은 좁은 뜻을 가졌으나 우리의 '악(樂)'은 넓은 뜻을 가지고 있다고 강조하며, 우리의 '악(樂)'을 목소리(성악), 악기 소리(기악), 시(詩), 춤을 포괄적으로 지칭하는 장르의 통합으로 보았다.

우리의 전통음악인 국악의 특징을 서양 음악과 비교하면 다음과 같다(신대철, 1993; 황병기, 1994).

첫째, 국악은 화성이 없는 단선율의 수평적인 음악이다. 서양음악은 각 성부나 악기가 동시에 다른 음을 내는 수직적 관계의 화음인 화성을 갖는다. 이는 독주나 독창의 경우에도 똑같이 적용되어 반주악기인 피아노가 독주와 독창의 선율에 수직적 음 체계를 지탱해 준다. 반면 국악에는 서양음악에 나타나는 화성학에 기초한 화성이 없다. 즉, 합창이나 합주에서 모두 단선율로 연주된다. 서양음악에서는 화음이 정지해 있을 때, 그 위에 여러 음을 쌓아서 협화음이나 불협화음을 만들 수 있으나, 국악은 시김새[1] 같은 창법과 장단법이 있어 그 음이 살아서 움직인다. 즉 서양음악은 여러 음들이 합해져야 어떤 의미가 생기는데 비해 국악은 음 하나만으로도 의미와 생명력을 갖는다(이순례, 1997).

둘째, 국악은 5음계 혹은 3음(4음)계로 이루어진 음악이다. 현대 전위음악을 제외한 서양음악은 7음계로 되어 있다. 반면 국악은 거의가 5음계로 되어 있고, 3음계 혹은 4음계의 음악도 있다. 그러나 5음계의 음악이 국악에만 존재한다는 것은 아니다. 예를 들어 베토벤의 교향곡 제9번 4악장 '합창 교향곡'도 5음으로 이루어져 있으며, 중국과 일본 그리고 인도네시아 등의 전통음악도 5음계의 음악이 상당수이다. 따라서 5음을 구성하는 음들이나 선법이 국악의 특징을 결정한다고 할 수 있다. 국악을 구성하는 음과 선법을 살펴보면, 평조(平調)는 '솔-라-도-레-미'의 5음으로 구성되며 '솔' 음으로 마치는 선법이고, 계면조(界面調)는 '라-도-레-미-솔'의 5음으로 구성되며 '라' 음으로 마치는 선법이다.

셋째, 국악은 곡선의 음악미를 가지고 있다. 모든 음악은 특별한 경우를 제외하고 가락(멜로디)을 지닌다. 가락은 음악의 요소 가운데 중요한 요소이다. 단선율 속의 우리 가락은 곡선적인 흐름을 갖는다. 곡선의 가락에서 나타나는 음정은 고정적이지 않고 유동적이다. 한 음에서

---

[1] 시김새란 어떤 음이 소리의 변화를 동반하여 음의 변화된 모양새를 일컫는 말로, 그 종류에는 크게 흔드는소리(떠는 소리:요성), 흘러내리는 소리(꺾는 소리 포함:퇴성), 밀어 올리는 소리(추성), 구르는 소리(전성) 등이 있다. 변미혜, 한윤이(2008) 『국악용어편수자료집 1』. 서울:민속원

다른 음으로의 연결을 할 때 일정한 음높이에서 고정되었다가 다음의 고정음으로 진행되는 양악과는 달리, 국악의 음정은 무지개다리와 같은 곡선을 그린다. 또, 긴 박의 음은 음악에 따라 곱게 떨어주거나 격렬하게 떨기도 하면서 고정된 음의 변화 없는 울림을 거부한다. 그러므로 국악에서 각각의 음은 살아 움직이고, 이 움직임은 곡선의 가락을 지탱해 주는 역할을 담당한다.

이에 반해 서양음악은 가락에서 주로 직선적 진행을 이룬다. 같은 음에서 같은 음으로의 진행은 고정된 음의 진행이 주를 이룬다. 즉 도에서 도의 진행의 경우, 앞의 도를 오래 끌어준다 해도 다른 음이 들어오는 것을 거부하고 정확한 도의 울림에서 다음 도의 울림으로 이어지도록 한다.

넷째, 국악은 요성과 농현이 표현의 주된 요소로 나타난다. 요성(搖聲)은 성악이나 관악기 음악에서 주로 쓰이는 용어이며, 농현(弄絃)은 가야금이나 거문고와 같은 현악기 음악에 주로 쓰이는 용어로 두 용어의 뜻은 같다. 그러나 지금은 기악은 물론 성악을 포함한 전 장르의 음악에 나타나는 음악적 현상을 농현으로 표현하기도 한다. 농현의 일반적 의미는 음을 흔들어 준다는 것이다. 그래서 서양음악의 떨어주는 연주법인 비브라토(vibrato)나 트릴(trill)의 주법과 유사한 것으로 파악되기도 한다. 그러나 농현은 서양음악의 그것과는 다른 의미를 가지고 있는데, 서양음악에서 비브라토나 트릴은 부수적인 장식법의 일종인 데 비해 국악에서는 그 자체가 음악의 생명력과 역동성을 주는 주체적 요소이다.

다섯째, 국악은 장단 중심의 음악이라고 할 만큼 장단이 중요한 역할을 한다. 서양음악은 2박자 계통의 리듬이 대부분이다. 즉 강박과 약박으로 이루어진 2/4, 4/4등의 2박자 계열의 음악이 주를 이룬다. 반면 국악의 장단은 빠른 음악이든 느린 음악이든 3음이 모여 1박자를 이루는 3연음 계통의 장단이 대부분이다. 서양 리듬과 달리 국악 장단은 음악의 흐름에 따라 장단 가락이 풀어지고 조여지는 변화가 나타나는데, 처음은 느리게 시작해서 점점 빨라지는 형태의 장단 변화를 갖추고 있다. 또 아주 불규칙하여 일정한 장단이 없는 것처럼 여겨지는 것부터, 매우 복잡한 장단에 이르기까지 형태가 매우 다양하다.

표 1-1 국악 장단의 특징

국악의 장단	서양음악의 리듬
3박자 계통의 장단 (1박자를 3등분)	2박자 계통의 장단 (1박자를 2등분)
강한 박으로 시작해서 여린 박으로 끝남	여린 박으로 시작해서 강한 박으로 끝남
장단 가락이 음악의 흐름에 따라 풀어지는 변화를 나타내면서 반복 연주	리듬이 비교적 단순한 규칙성을 띠면서 반복
박자, 빠르기, 강약, 형태 같은 여러 가지의 복합적인 의미를 가짐	소리의 크기가 형태의 중심이 됨 4박 : 강 · 약 · 중강 · 약 3박 : 강 · 약 · 약

여섯째, 국악은 주로 강박으로 시작하여 약박으로 끝난다. 음악은 그 나라의 언어 체계와 친밀한 관계를 가지고 있다. 즉, 영어를 모국어로 쓰는 나라는 정관사나 부정관사, 전치사가 붙어 처음은 약하게 뒤에 나오는 단어에서 강하게 발음한다. 그러나 우리말은 첫 음이 강하고 뒤의 음은 약하게 발음한다. 따라서 우리 국악은 첫 박자가 강한 박

자로 시작하여 약박으로 끝난다. 즉, 국악은 끝이 약하거나 음이 떨어지거나 사라지는 듯한 가락선으로 여미며 맺는 음악으로, 이는 기악이나 성악이나 모두 마찬가지이다. 반면 서양음악은 대체로 약박에서 시작하여 강박으로 끝나는 경우가 많으며, 중지 부분을 아주 강렬하게 한다. 서양음악은 대부분 상행종지(上行終止)로 화성적 연결로 끝냄으로써 뒤끝이 무겁고 안정감을 주지만 국악은 대체로 하행종지(下行終止), 동음종지(同音終止)로 끝난다(이순례, 1998).

일곱째, 국악의 속도는 숨을 기준으로 한다. 국악에서는 음악적 시간의 흐름인 속도를 '한배'라고 부르는데, 이 말은 서양음악의 '템포(tempo)'와 비교되는 말이다. 한배의 기준은 호흡인데, 숨을 들이쉬고 내쉼이 한배이다.

박의 측정 도구가 없었던 시대의 사람들은 건강한 사람의 맥박을 숨을 헤아리는 보조 자료로 사용하였다. 국악에서는 6회의 맥박을 한 호흡으로 계산하여 1박은 그 반인 3회의 맥박으로 하였고, 한 호흡을 2박으로 하여 박자와 한배의 기준으로 삼았다. 반면 서양의 음악은 맥박을 기준으로 음악의 빠르기와 기준박을 정했다.

여덟째, 국악은 식물성 재질로 만든 악기로 소리를 내기 때문에 그 음색이 부드럽고 온유하다. 이러한 이유 때문에 여러 악기가 불협화음정으로 가락을 연주해도 과도하게 귀에 거슬리지 않고, 감정에 호소하는 감성적인 음악을 만들어 낸다(정원경, 2003).

아홉째, 서양음악을 지성적인 음악이라고 한다면 국악은 감성적인 음악이라고 할 수 있다. 우리의 음악인 국악은 두드러진 감성의 바탕 위에 즉흥성과 융통성을 드러내어 연주자의 기분과 연주 환경에 따라 그 연주 시간이 일정하지 않는 것이 특징이다(정원경, 2003).

이상과 같이 살펴본 국악과 서양음악의 특성을 간단히 비교하여 제시하면 다음의 〈표 1-2〉와 같다(조윤미, 1998).

표 1-2 국악과 서양음악의 음악적 요소 비교

	국악	서양음악
선율	단선율의 수평적 음악	화성과 대위법에 의한 수직적 선율
음계	5음계 혹은 3(4) 음계	7음계가 기본이나 5음계의 음악도 존재
선율의 진행	곡선적인 진행	음과 음 사이는 계단식의 수직 진행
표현적 특성	시김새는 음악의 본질적 요소	비브라토나 트릴 등 부수적인 장식적 요소
장단 (리듬)	3박자 계통의 장단	2박자 계통의 리듬
강약의 진행	강박에서 시작하여 약박으로 종지	약박으로 시작해서 강박으로 종지
속도	호흡을 기준으로 한배를 계산	심장의 박동을 기준으로 박을 계산
기보법	정간보를 비롯한 독특한 기보법과 12율명	오선보와 12계명

국악에 사용되는 악기의 종류

음악치료의 여러 활동 중, 악기 연주는 음악을 창조함으로써 음악을 치료적 도구로 사용하는 음악 경험 중의 하나이다(정현주, 2005). 민속 악기를 통한 음악치료는 다양한 형태로 현재 국내에서 시도되고 있다.

민속 악기 가운데서도 가장 보편적으로 사용되고 있는 악기는 소고, 징, 꽹과리, 북, 장구 등이다. 일반적으로 우리가 풍물이나 사물놀이에서 자주 접하게 되는 악기들이다. 임상에서는 주로 노인임상 영역이나 아동임상 영역에서 이 민속 악기들이 주로 사용된다. 비교적 연주 방법이 쉽고 대중적인 악기이기 때문이다.

현악기의 경우 악기를 연주할 때 양손의 움직임이 다르고 술대나 활대를 통한 연주이므로 양손의 협응 능력을 발달시킬 수 있고, 관악기는 호흡과 손가락의 움직임, 악기에 따라 부는 힘과 집중력이 필요하므로 호흡발달에 효과적이다. 하지만 각 악기들을 연주하는 방법에 있어 전문성이 필요하다.

1) 현악기의 종류
① 거문고

거문고는 우리나라 전통 악기 가운데 가장 중요한 악기인 현악기 중 하나이다. 오동나무로 만든 울림통 위에 6개의 줄이 얹혀 있다. 이 6현 가운데 제2현, 3현, 4현까지는 16개의 괘에 얹혀 있고 제1현과 5현, 6현은 가야금과 같이 기러기 발 모양의 안족(雁足) 위에 얹혀 있다. 줄은 명주실을 꼬아 만든 줄을 쓰며 오른손의 식지와 장지 사이에 끼워서 줄을 퉁기는 기구인 술대는 바닷가에서 나는 검은색의 해죽으로 만든다. 왼손으로 괘를 집고 오른손으로는 식지와 장지 사이에 끼운 술대를 가지고 줄을 내려치거나 올려 뜯어서 소리를 낸다. 고구려의 왕산악이 만들었다고 알려진 거문고는, 고구려 고분 무용총 등의 벽화에

도 보이고 있어 꽤 오래된 악기로 평가되고 있다. 거문고는 그 소리가 그윽하고 은은하여 예로부터 선비들이 애호하던 악기로, '영산회상'[2], '가곡' 등과 같은 정악은 물론 '산조', '시나위' 등과 같은 민속음악에까지 널리 쓰이고 있다.

② 가야금

가야금은 거문과 함께 우리나라를 대표하는 현악기이다. 오동나무로 만든 울림통 위에 안족을 세우고 그 위에 명주실을 꼬아서 만든 12줄을 얹은 다음, 머리 쪽에는 담괘라는 것을 두어 줄을 버티고 꼬리에는 양이두를 꽂아 줄을 감아 두었다. 왼손으로 줄을 누르거나 흔들고 오른손으로 뜯거나 퉁기면서 연주할 때의 가야금 소리는 부드럽고 아름다우며 섬세한 음색 면에서 가히 일품으로 꼽는다.

이 악기는 6세기경에 가야국의 가실왕이 만들었다고 전해지며 신라 진흥왕 때에 우륵에 의해 신라에서 크게 발전하였다고 한다. 가야금에는 그 쓰임에 따라 두 가지로 나뉘는데, 비교적 근세에 와서 만들어진 산조가야금과 신라 때부터 전하는 옛 형태의 풍류가야금이 있다. 풍류가야금은 산조가야금보다 크기가 크고 줄과 줄 사이가 넓어서 '영산회상', '밑 도드리' 같은 정악의 연주에 적합한 반면, 산조가야금은 크기

---

2 영산회상(靈山會上)은 조선 후기에 연주되던 기악곡으로 12개의 모음곡으로 구성되어 있다. 조선 초기의 영산회상은 가사가 있는 노래였으나, 시간이 지나며 가사가 없는 기악곡이 되었다. 가사가 상실된 이후 원곡(原曲, 상영산, 본영산) 다음에 중영산(中靈山)·잔영산(細靈山)·가락더리가 추가되었고, 그 후에 삼현도드리·하현(下絃)이 뒤따랐고, 그 후에 염불(念佛)·타령·군악(軍樂)이 잇따랐으며, 또 그 후에는 계면가락도드리·양청(兩淸)·우조가락도드리가 붙여져 오늘날의 영산회상은 상영산에서 우조가락도드리에 이르기까지 모두 12곡으로 이루어진 모음곡으로 되었다.

가 보다 작고 현과 현 사이가 좁아 '산조', '시나위' 등과 같은 빠른 민속음악을 연주하기에 적합하다.

③ 해금

해금은 중현과 유현이라는 두 줄 사이에 활대를 끼워 넣고 이를 문질러서 연주하는 찰현 악기이다. 울림통은 원래 대나무로 만들었지만 요즈음에는 단단한 나무로 깎아서 만들기도 하며 줄은 명주실, 활대는 말꼬리인 말총으로 만든다. 고려 때부터 우리나라에서 사용된 이 악기는 넓은 음역을 가진 데다가 여러 가지 음악적 효과를 낼 수 있는 풍부한 표현력 덕분에 정악과 민속악에 매우 폭넓게 쓰인다. 울림통 위에 놓고 줄을 떠받치는 데 쓰는 원산은 음량이 큰 합주음악일 때에는 중앙에 놓고, 음량이 작은 음악을 연주할 때에는 울림통의 가장자리에 놓음으로써 음량을 크고 작게 조절하는 기능을 갖고 있다.

④ 아쟁

아쟁은 해금과 같이 줄을 문질러서 소리 내는 찰현 악기로 국악기 가운데 가장 낮음 음역을 가지는 악기이다. 아쟁은 7줄인데 거문고와 같이 상자 모양으로 짠 울림통을 초상이라고 하는 받침대로 받쳐 놓고, 개나리나무의 껍질을 벗겨 송진을 칠한 활대로 문질러서 소리를 낸다. 이 개나리나무로 만든 활대는 말꼬리로 만든 말총 활대보다 조금 거친 소리를 내지만, 장엄하고 웅장한 맛이 있다. 줄과 줄 사이가 넓어서 악기의 자유로운 손놀림이 어렵고, 때문에 빠른 곡의 연주가 힘들다. 때문에 요즘은 음역 확대를 위하여 9현의 아쟁도 많이 사용되고 있으며 산조음악을 연주하기에 적합한 작은 크기의 8현 아쟁이 산조아쟁으로 사용되고 있다.

2) 관악기의 종류

① 대금

대금은 중금, 소금과 더불어 신라 말기의 삼죽(三竹) 가운데 하나이다. 삼죽(三竹) 중 가장 크기가 큰 악기며, 가야금과 함께 역사가 오래된 악기 가운데 하나이다.

예부터 대금은 관현악 합주를 할 때, 모든 악기의 음 높이를 정하는 표준 악기 구실을 해왔다. 대금 음색의 가장 큰 특징이 되는 것은 취구와 지공 사이에 있는 청공에서 찾을 수 있다. 취구와 지공의 중간쯤에 타원형의 큰 구멍을 파고, 그곳에 청[3]을 붙인다. 취구로 입김을 불어넣으며 청이 떨리는 소리가 나며 독특한 음감을 준다. 특히 높은 음에서 청이 떨리는 소리는 상쾌한 음색을 지닌다.

② 피리

피리는 대나무를 얇게 깎아 만들어 겹혀(double reed)를 꽂아 부는 목관 악기로, 가로로 들고 부는 대금 종류에 비하여 세워 세워 들고 불기 때문에 종적(縱笛)에 속한다. 피리는 국악기 중에서 비교적 음량이 커 주선율의 연주를 담당하며, 무용 반주인 삼현육각에서는 반드시 두 대가 편성되는 악기이다. 무속음악이나 민요 반주에도 빠지지 않으며 독

---

3 청(淸)이란 대나무 속에서 채취한 얇은 막이다. 대금에서 주로 쓰이는 청은 봄철의 단오 무렵에 채취한 갈대의 속청이고, 아교를 써서 청공을 막아 붙인다.

주 악기로도 널리 쓰인다. 저음은 굵고 폭넓은 울림을 가지며, 중음은 꿋꿋하고 장중하게 들린다. 반면에 고음은 목가적인 느낌을 주기도 하는데, 취법에 따라 소리의 강약을 자유롭게 구사하는 표현력을 지니고 있다.

③ 태평소

태평소란 이름은 궁중의식 음악에 쓰일 때 부르던 이름이고, 민간에서는 호적, 새납(쇄납. 쇄나), 날라리(랄라리) 등으로 널리 알려졌다. 태평소가 우리나라에 처음 들어온 것은 고려시대로, 처음에는 군대음악으로 사용한 것으로 알려져 있다. 국악기 중 고음 영역의 악기이며, 음량이 가장 큰 선율악기여서 주로 야외음악인 농악, 사물놀이 등에 쓰인다.

몸통은 단단한 나무로 만드는데, 아래로 갈수록 조금씩 굵어진다. 취구 부분에 동으로 만든 동구(銅口)가 덧대어 있으며, 몸통 끝에 소리를 키워 주는 나발 모양의 동팔랑(銅八郞)을 단다. 지공은 모두 여덟 개이고, 그중 제2공만 아래에 있다. 떨림판 구실을 하는, 갈대로 만든 작은 혀(서)를 동구에 꽂아 분다.

④ 단소

단소는 음색이 곱고 맑으며, 고음은 청아한 느낌을 주어 많은 이들의 사랑을 받고 있다. 연주법이 까다롭지 않고, 악기도 쉽게 구할 수 있다. 단소는 지공이 뒤에 1개 앞에 4개가 있다. 단소는 양금과 함께 악학궤범에는 빠져 있는 것으로 보아 조선왕조 후기에 생긴 듯하며 '영산회상'과 '자진한잎(數大葉)' 같은 관현악 합주에 사용되고 관현악합주 외에 생황과의 이중주나 양금, 해금과의 삼중주 또는 독주에도 애용된다. 전통음악에서 주로 고음역을 담당하며 매우 복잡한 꾸밈음을 구사한다.

단소의 재질은 주로 대나무이나, 악기가 작아 섬세한 작업이 필요하기 때문에 교육용으로는 플라스틱으로 만든 단소를 많이 사용한다. 길이는 재료로 삼은 대나무에 따라 다르나 약 43cm가량 되며, 아래쪽은 뚫려 있다. 지공은 퉁소와 같이 앞에 4개, 뒤에 1개가 있으며, 퉁소와 달리 가장 아래쪽의 지공은 잘 쓰지 않는다. 음역은 협종(夾 : G♭)부터 중청중려(㶌 : A♭)까지이다.

3) 타악기의 종류

다양한 악기 연주 활동 중, 타악기 연주는 모든 음악적인 문화권에서 존재하며, 음악을 구성하는 중요한 일부분을 차지한다(Gaston, 1968; Rossing, Yoo, & Morrison, 2004). 타악기 연주는 리듬과 셈여림의 요소들을 빈번히 지속적으로 사용하게 되는데, 리듬은 세계 모든 문화에 존재하는 음악에서 기본적으로 나타나는 음악적 요소이다(Gaston, 1968; Radocy & Boyle, 2006).

① 장구

장구는 궁중음악이나 민속음악(民俗音樂)에서 널리 사용되며 관현악 합주, 노래반주, 무악, 춤 장단, 시나위, 산조, 농악, 잡가, 민요 등 꼭 필요한 매우 중요한 장단 연주 타악기이다.

② 꽹과리

꽹과리는 농악, 사물놀이에서 주로 쓰이나 예전에는 궁중음악인 종묘제례악이나 정대업에도 사용되었다. 농악에서 꽹과리는 수 꽹과리나 암 꽹과리로 나누는데, 수 꽹과리는 음색이 높고 강하여 농악에서는 상쇠가 쓰고, 암 꽹과리는 부드럽고 음색이 낮아 부쇠가 즐겨 쓴다. 농악놀이는 꽹과리의 지휘에 따라 진행된다.

③ 징

농악, 무악, 불교음악에 쓰였으며 군대음악인 대취타에서도 편성되었다. 최근에는 사물놀이에서 중요한 악기로 쓰인다. 왼손에 들거나 틀어 달아놓고 오른손에 솜 망치로 된 채를 잡고 치며 주로 장단의 강한 박에서 친다. 음악상의 단락을 잘 매듭지어 주는 구실을 할 뿐 아니라 웅장하고 부드러운 음색으로 음악을 하나의 덩어리로 포근하게 감싸주는 구실을 한다.

④ 북

북에는 소리 북과 사물놀이 및 농악 북의 두 종류가 있다. 판소리 북은 왼편은 맨손으로 치고 오른손을 박달나무나 탱자나무로 깎아 만든 채로 친다.

국악의 종류

다음은 한국 민속음악을 가창 분야와 기악 분야로 분류하여 살펴보고자 한다.

1) 가창 분야

현재 음악치료 현장에서 사용되는 가창음악치료에 한국 민속음악의 가창 분야를 적용할 수 있다. 한국 민속음악 중 가창 분야에서 가장 중요한 점은 정확한 가사 전달과 호흡, 그리고 감정 전달이 중요하다고 볼 수 있다. 이는 정확한 발음을 기본적으로 가져야 하며 호흡 조절 등이 특히 중요하다고 볼 수 있다. 이와 같은 점을 치료에 적용하여, 의학적, 심리사회적, 교육적 영역의 치료로 접근할 수 있다.

민요는 서로 주고받는 음악으로 반복되는 가사를 개사하거나, 현재 상황이나 자신의 감정을 표현하여 부를 수 있다. 판소리는 대표적인 다섯 바탕을 중심으로 봤을 때 기억력이나 어휘, 인지능력, 정확한 가사 전달을 토대로 가창음악치료의 목표에 가깝다. 완창을 해냈을 때의 자신감은 자존감 향상은 물론, 치료사나 다른 클라이언트들의 추임새와 같은 지지와 호흡을 통해 사회성 향상에도 큰 도움이 되어 가창음악치료에 효과적인 기능을 할 수 있다. 병창은 악기와 병행하여 연주하는 음악으로 판소리의 한 대목을 연주할 수 있어 판소리와 같은 효과와 악기의 기능을 갖고, 음악치료에 효과적인 기능을 할 수 있다. 구음 살풀이의 경우, 목소리 자체를 악기로 생각하기 때문에 성악 즉흥 연주 기법으로 적용 가능하다.

① 민요(民謠)

민요란 일반 대중들 사이에서 저절로 생겨나서 구전되어 내려오는 노래, 즉 말 그대로 민중의 노래라는 뜻이다. 따라서 민요는 상층 계층이나 지식인 계층에서 의식적으로 창작한 시가 문학이 아니라, 민중 사이에서 자연스럽게 형성되고 또한 향유되어 온 시가 문학이다.

민요도 다른 문학예술과 마찬가지로 '일정한 사회생활이 인간 두뇌에 반영된 산물'이다. 때문에 민요에는 민중들의 사회생활과 사상, 감정이 가장 직접적이고 가장 진실하게 반영되고 있다. 민요는 민중의 의지와 염원이 표현되고, 고통과 환락이 반영되어 있으며, 생활 세태와 풍속 습관 및 역사적 전통이 기술되어 있으며, 서로 다른 생활과 성격 및 정신 면모가 그대로 반영되어 있다. 따라서 민요를 '민중의 목소리' 또는 '시대의 거울'이라고도 말한다.

민요는 민중의 삶에서 부르는 것이기 때문에, 민중의 삶과 정서와 사상을 반영하는 것이고 기층음악의 토대를 이루는 것이다. 민중은 노래를 부르며 일했고, 놀았고, 기쁨과 슬픔을 표현했다. 그렇기 때문에 우리 민족의 삶은 노래를 분리시키고는 생각할 수도 없는 것이다. 문헌 기록에서도 우리에게 멀고 먼 원시 사회부터 우리 민족에게는 이미 자기의 민요가 성행하였다. 그리고 이 시기 민요는 당시의 농경 생활 및 종교의식 활동과 밀접히 연계되면서 시, 노래와 춤 등 삼위일체의 혼합적인 악무(樂舞)예술 형태 속에서 존재하였다. 또한 신가(神歌)적 성격을 띠고 있었음을 알려주고 있다.

민요는 노동과 관련된 것이 많은데 민요를 부르는 방식은 선후창 방식과 교환창 방식, 독창이 있다. 민요는 악곡이나 사설이 지역에 따라 노래 부르는 사람의 취향에 맞게, 노래 부를 때의 즉흥성에 따라 달라질 수 있다. 민요는 언제, 어디에서든지 부를 수 있는 노래이기 때문에 확정된 방식이 있는 것이 아니라 불리는 현장의 사정에 따라 가창 방식이 바뀔 수 있다.

② 판소리

판소리란 인물과 사건 전개가 있는 극적인 긴 이야기에 음악적 선율이 배합된 소리를 말한다. 판소리는 한 사람이 앉아서 북장단을 치고 한 사람이 서서 노래를 하는데, 판소리에 취급되는 요소들을 본다면 창본(唱本) 소리와 광대, 아니리, 발림, 북 반주와 추임새 등을 들 수 있다.

판소리는 200여 년 전부터 우리의 민중 예술로 생겨나, 오랜 기간 동안 민족의 애환과 함께 지속되었다. 최근에는 전통 문화의 재인식 흐름에 따라 다시 각광을 받고 있다. 판소리는 본래 열두 마당으로 〈춘향가〉, 〈심청가〉, 〈흥부가〉, 〈수궁가〉, 〈적벽가〉, 〈변강쇠가〉, 〈배비장타령〉, 〈장끼타령〉, 〈옹고집타령〉, 〈강릉매화가〉, 〈무숙이 타령〉, 〈가짜신선타령〉 등이 있다. 첫 다섯 소리는 지금까지 전해지고, 여섯째부터 아홉째의 네 소리는 사설만 전해지고, 열 번째부터 열두 번째의 세 소리는 사설마저 전해지지 않고 있다.

판소리는 발성법 또한 특색을 가지고 있는데 이 소리에는 개개인의 특성이 있게 마련이지만 하성(下聲)에서 죽지 않고 상성(上聲)에서 째지지 않아야 한다. 호흡이 길고 소리는 배 속에서 나와야 한다. 가사 전달이 분명해야 함을 물론이지만, 희로애락(喜怒哀樂)의 표현이 능숙해야 하고 다양한 성음을 구사할 줄 알아야 한다.

③ 병창(竝唱)

병창은 노래를 부르면서 가야금이나 거문고 같은 악기를 직접 연주하는 연주 형태를 말한다. 단가나 판소리 중의 한 대목을 떼어서 창자 자신이 노래 부르며 반주하는 것을 말하며, 일반적으로 병창은 주로 가야금병창을 일컫지만 거문고 병창이 몇 곡을 함께 전하고 있다.

④ 구음살풀이

구음(口音)은 곧 입타령이다. 전통음악 교육방법 중의 하나인 이 구음은 악기에서 나오는 소리를 의성화하여 입으로 부르는 것을 말한다. 따라서 구음살풀이 또한 남도 무속음악인 시나위 선율을 입으로 부르는 연주방식을 뜻한다.

2) 기악분야

기악분야의 치료 적용 방법은 농악 풍물의 경우 민속음악을 통한 사례 연구에서 볼 수 있듯이 타악기를 이용한 분야로, 현재 국내 음악치료에서 다른 분야보다 유용하게 사용되고 있다. 산조나 시나위는 클라이언트나 치료사가 직접 연주하기에는 전문성이 필요하다는 제한점을 가지고 있지만, 명상음악이나 음반을 통해 다른 민속 악기를 이용한 즉흥연주를 하여 반주음악으로 사용할 수 있다. 탈놀이 음악은 집단음악심리치료적 기능, 신체적 기능, 사회적 기능, 종합예술 치료적 기능을 내포하고 있다. 무악은 굿 음악으로 사이코드라마 등의 치료적 기능을 모색할 수 있다.

① 농악(農樂) · 풍물(風物)

농악은 전통사회에서 농민들이 풍물을 치면서 풍농을 기원하고, 일 년의 액운을 막기 위해 제의를 행하고, 고된 농사일을 덜기 위해 행하는 제반 문화연행을 의미한다. 농악은 주로 풍물(풍물굿), 풍장(풍장굿), 두레(두레굿) 등으로 부르기도 하고, 단순히 '굿'이라고 하기도 한다[4]. 또한 연행 주체나 목적에 따라 마을굿, 당산굿, 걸립굿, 판굿, 지신밟기, 마당밟이(뜰밟기), 난장굿 등이라고도 하며 연주 시기에 따라 대보름굿, 백중굿, 호미씻이 등이라고도 한다. 현재 농악은 놀이적인 성격을 갖는 것으로 변질되었지만, 전통사회에서는 종교적 성격을 갖는다. 전통사회에서는 세시명절에 액운을 물리고, 마을의 풍농을 기원하고, 집안의 평안을 기원하기 위해 농민들이 풍물굿을 연주했다. 농사철에는 고된 노동에 신명을 불어넣기 위해 두레굿을 쳤다. 그렇기 때문에 전통사회에서는 농악을 통상 '굿'이라고 지칭하는 것이다. 농악은 주로 타악기만으로 연주하는 독특한 음악이다. 우리 민족에게는 음악의 두 가지 구성 요소, 즉 멜로디와 리듬 중에서도 리듬(장단)이 훨씬 중요하게 여겨지기 때문에 타악기만으로 다양한 리듬을 만드는 음악이 발전할 수 있는 토대가 형성되어 있었다. 이것이 1987년 처음 선보인 사

---

4 농악놀이를 풍악놀이 · 풍장놀이 · 두레(중부 이남) 또는 농상계(중부 이북)라고 하며, 전남지방에서는 메굿 · 메기굿이라고도 한다. 연주 예능으로 보는 경우 '굿친다', '금고(金鼓)친다', '매구친다', '쇠친다'라 하고, 악기를 통해 말할 때는 '굿물', '풍물'이라 불렀다. 또, 종교적 예능으로 보는 경우에는 '굿', '매굿', '지신(地神)밟기', '마당밟기'라 하며, 노동 예능으로 볼 때는 '두레'라 하고, 풍류(風流)로 해석하는 경우에는 '풍장'이라고도 불렀다(정병호, 1986). 농악이란 말은 각 지방 방언에 따라 경기지역은 '두레 논다.', 여주, 이천, 용인은 '짠지패 놀이', 충청도는 '풍장 친다.', 전라도는 '굿 친다.', '군고 친다.', 경상도는 '메구 친다.', 강원도, 경상도 일부는 '농락'이라고 하며, 위에서 말한 풍장은 풍류로 해석하는 것이 아닌 농악의 한 장르를 뜻하며 기술적인 요소 또한 다르다.

물놀이나 1990년대부터 인기를 끄는 난타나 두드락 등의 비언어 연주(non-verbal performance)가 성공할 수 있었던 음악적 토대가 되는 것이다. 이런 상업음악이 발달할 수 있었던 토대인 농악은 현재는 전통사회에서의 종교적 의미가 많이 탈색된 채 놀이음악으로 변질되고는 있지만, 다양한 타악 리듬의 원초적 본향으로서의 의미를 갖는 중요한 문화유산이다.

② 산조(散調)

산조는 무속문화에 뿌리를 둔 시나위나 판소리 등 기층문화의 음악을 기악독주곡으로 발전시킨 음악이다. 느린 장단으로 시작하여 빠른 장단으로 배열된 3~6개의 장단 구성에 의한 악장으로 구분된 기악곡이며 장구 반주가 따른다. 산조는 시나위에는 없는 판소리의 진양조 중모리 가락을 도입하면서 산조의 틀이 잡힌 것으로 본다. 산조에 쓰이는 장단은 진양 중모리 중중모리 휘모리가 주로 쓰이나, 바디[5]에 따라 장단의 구성이 다른 것도 있다. 산조에는 가야금 산조가 가장 많이 연주되며, 바디도 가장 많다. 그다음은 거문고 산조와 대금 산조가 흔히 연주되고, 그 밖에 해금 산조와 피리산조, 아쟁 산조가 연주되고 있다.

---

5 판소리 명창이 스승에게 사사했거나, 혹은 창작해부르는 한 마당 전체를 가리키는 용어이다. 판소리에서 한 마당 전부를 음악적으로 절묘하게 다듬어 놓은 소리를 의미한다. 판소리 창자나 유파의 이름 뒤에 '바디'나 '제(制)'라는 말을 붙여 쓴다. 예) 송만갑 바디, 서편제 등

③ 시나위

시나위는 원래 무당춤의 반주음악, 관현합주로 발전된 형태로 무악 계통의 음악이다. 시나위는 피리, 대금, 해금, 장구가 중심이 되어 합주하는 민속악 중 유일한 즉흥합주곡이다. 예부터 이어진 무속문화에 뿌리를 둔 음악으로, 각 악기가 제멋대로 다른 선율을 연주하는 듯하면서도 조화를 이루는 다성적인 종교음악이다.

전통음악의 민속악 중 즉흥합주곡인 시나위의 음악적 특징은 각 악기가 불협화음을 이루어가며 제멋대로 연주하는 듯하면서도 조화를 갖고 질서를 유지하는 데 멋과 묘미가 있다. 시나위는 남도 굿 음악의 기록으로 구성되어 있으며, 원래는 관악기에 장구와 징이 편성되어 오던 것이 현악기가 첨가되었다. 선율은 학습된 고정선율이 아닌 경험된 자율선율의 진행으로 여러 악기가 불협화음을 남기는데, 불협화음이 불협화음으로 느껴지지 않는 것, 불협화음 이면서도 그 거부감이 발생하지 않는 것이 시나위이다.

④ 무악(巫樂)

무악은 무당이 굿판에서 연행하는 종료의례 음악이다. 그렇기 때문에 무악은 기본적으로 신성한 것이다. 한편 굿판은 가족공동체와 마을공동체가 함께 어울려 즐기는 잔치판이기 때문에, 무악은 오락적 요소를 갖기도 한다. 무악의 종교적 신성성과 축제적 오락성의 이중성은 무악이 상층부로부터의 오랜 압박에도 불구하고 오랜 생명력을 지킬 수 있었던 토대가 된다. 무당은 본질적으로 교육받은 특수한 전문음악가이기 때문에 무악은 민속음악 중에서 가장 음악성이 높다.

⑤ 탈놀이 음악

 탈놀이는 민중의 생활과 밀접한 관계를 갖는 것이다. 특히 민중의 세시풍속에서 벽사진경[6]의 의미로 탈놀이를 연행하고, 억압된 생활에서 일종의 해방의 놀이로서 탈놀이를 연행한다. 그렇기 때문에 탈놀이는 전국적으로 행해지며, 각 지방마다 상류층 음악과 종교음악의 영향을 받아 독특한 탈놀이 음악을 발전시켜 왔다.

 탈놀이에서 탈꾼들이 부르는 노래는 삽입가요 유형과 불림 유형으로 나눌 수 있다. 삽입가요는 연행 도중에 삽입시켜 부르는 노래를 말하는데, 독창과 합창이 있다. 탈놀이의 삽입가요나 불림노래는 대개 기존 가요를 차용한 것이다. 이들 노래는 탈놀이에서 특별히 창작된 것이 아니라, 일반인들에게 친숙한 노래를 차용하여 탈놀이의 신명을 돋우는 것이다. 부르는 경우에 따라서 탈놀이의 장면과 정서가 유사할 뿐, 극적인 상황과 긴밀한 관계는 성립되지 않는다. 그러므로 탈놀이의 유희성과 집단성을 높이는 구실을 하게 된다.

 탈놀이는 벽사진경이라는 종교적 의미를 갖는 것이면서도 여느 민속음악에 비해 오락적 성격이 진하게 배어 있는 것이다. 특히 양반을 풍자하는 내용이 주된 내용을 이루는 탈놀이는 민중의 사상과 철학이 직접적으로 반영된 민중예술의 꽃이라고 할 수 있다. 그렇기 때문에 탈놀이 음악은 민중예술의 총체적 집합체이다.

---

6 벽사진경(辟邪進慶)은 사귀(邪鬼)를 쫓고 경사로운 일을 맞이한다는 의미로, 처용설화에서 유래하였다.

2. 국악치료의 특징과 방법

국악치료의 특징

Moreno(1988)는 다양한 문화적 배경을 가진 클라이언트의 다문화적 음악치료 상황에서, 음악적 의사소통의 가능성을 높이기 위해서는 음악치료사들이 세계 음악장르의 대표적 민속음악(ethnic music)에 대한 지식을 가져야 한다고 하였다. Toppozada(1995)는 음악치료사를 위한 다문화적 훈련에 대한 설문조사에서, 음악치료에서 음악의 선택 시 클라이언트의 문화적 배경이 고려되어야 한다는 점의 중요성을 보고하였다.

고대로부터 샤머니즘 등의 의식들에서 음악이 치료의 역할을 해왔음이 많은 나라의 민속음악 역사 속에 나타나고 있다. 이 안에는 공통적으로 토속적인 고유의 악기를 통한 리듬의 변화, 특징, 템포의 가속 등과 같은 신비 체험을 자극하는 보편적인 음악의 요소가 들어 있다. 주로 타악기를 사용하는 감정적으로 강렬한 즉흥음악이, 클라이언트의 내적 대결을 위한 원초적인 자극을 제공하여 저항을 없애주고 감추어졌던 문제점들을 알아나가게 하는 치료의 힘을 제공한다는 것이다(Moreno, 1999). 이러한 원초적인 리듬감은 인간의 생명 운동에서도 볼 수 있는 리듬감과 비슷하기 때문에 기본적인 본성을 자극하는 역할을 한다(임은희, 1992).

국악은 우리 민족의 고유한 전통과 정서가 포함되어 있기 때문에 원초적 감각 및 정서 상태를 가져오며, 이를 통해 무의식적인 편안함을 가져온다(윤명원, 2007). 또한 국악에서 나타나는 다양한 리듬 분할과 엇박, 클라이맥스로 치닫는 리듬은 이를 연주하거나 듣는 사람으로 하여금 역동성을 불러일으킨다(백대웅, 2005). 국악 연주 중 많은 부분을 차지하고 있는 타악기 연주는 카타르시스를 불러일으키며(이덕조, 2003), 연주에 가미되는 동작 역시 역동성을 가져온다(전연욱, 2008; 이은경, 2007). 이러한 특징들로 인해 국악은 클라이언트의 스트레스 해소에 도움이 된다. 가창에서의 국악은, 국악이 가지고 있는 고유의 특징인 단선율적인 음의 진행과 수평적 음계의 진행으로 따라 부르기 쉽고 기억하기 쉬운 장점이 있다.

국악기는 자연에서 얻어지는 것을 악기의 재료로 제작하는데, 원시적인 상태이지만 자연 상태 그대로의 모습으로 제작한 국악기들은 '자연의 소리'에 가장 가까운 원초적(原初的)인 원형질(原形質)의 소리를 낸다. 이러한 국악기는 우리 인체에 많은 영향을 끼친다. 꽹과리나 징같이 쇠로 만든 악기를 두드리면 여기에서 나오는 고유 주파수가 사람의 머리 부분을 자극하게 된다. 쇠로 만든 악기들이 만들어내는 주파수는 사람의 머리 부분을 울려서 뇌파의 리듬을 활성화시킨다. 이는 사람을 적당하게 흥분시키고 힘을 북돋게 하는 효과가 있다. 그리고 장구나 북 같은 가죽 악기는 인체의 배와 가슴을 울린다. 악기를 다룰 줄 모르는 사람들은 그런 음악을 듣는 것만으로 효과를 볼 수 있다고 한다(김준호, 손심심, 1997). 국악기는 나무, 가죽, 쇠 등 자연의 소재로 만들어져 자연에 가까운 소리와 울림을 만들어 내기 때문에 편안하고 안정된 느낌을 주며, 서양악기에 비해 불협화음적이거나 귀에 거슬리는 느낌이 덜하기 때문에 악기 연주에 대한 거부반응을 줄일 수 있다. 3박자 계통의 박자와 호흡을 기본으로 하는 국악의 빠르기는 안정감을 주어, 음악과 함께하는 신체 표현 활동 시에 자연스럽게 어깨춤이나 움직임 등의 신체 표현을 할 수 있도록 유도한다.

타악기는 가장 단순한 구조이면서도 특별한 음악적 기술이나 기능을 필요로 하지 않는다는 면에서 더욱 효과적인 측면을 가지고 있기도 하다. 일반적으로 타악기는 물체와 물체를 부딪쳐서 소리를 내는 악기로서 그 종류가 다양한데, 특히 우리나라는 전 세계적으로 리듬의 보고라고 불릴 만큼 다양한 리듬을 보유하고 있다. 꽹과리, 징, 장구, 북과 같이 클라이언트들의 흥미를 불러일으킬 수 있는 재미있는 악기를 보유하고 있기도 하다. 그러므로 우리 고유의 타악기를 이용하여 전래되어 온 우리 고유의 장단을 클라이언트에게 적용하는 것은, 음악치료를 통해 클라이언트의 문제를 개선시키는 데 매우 효과적이다.

우리 국악 장단은 다양한 리듬형을 가지고 있다. 서양의 리듬이 단순한 패턴을 무한히 반복함으로써 클라이언트가 다소 지루해할 수 있는 것에 비해, 보다 흥미를 가질 수 있는 요소가 있다. 또한 국악 장단은 대체로 느린 장단에서 시작하여 빠른 장단으로의 진행을 보이는데, 이는 클라이언트가 점차 장단에 집중을 하게 하고 이로써 정서적인 효과를 거둘 수 있다. 뿐만 아니라, 장단은 신체활동에 영향을 미친다. 예를 들면 리듬감이 강조된 음악이나 큰 소리의 음악을 들었을 경우, 사람들은 자기도 모르게 자신의 몸을 흔들거나 박자에 맞추어 손뼉을 치게 된다. 즉, 음악이 없을 경우보다 음악에 반응하여 훨씬 쉽게 몸을 움직일 수가 있다. 음악적인 여러 요소 중에서도 리듬은 신체적 기능을 촉진시키는 데에 가장 큰 영향을 끼치기 때문에, 음악치료에서는 리듬의 원리를 가장 많이 사용하고 있다. 리듬의 역할은 조직력과 에너지에 있다. 사람은 생체 화학적으로 호흡과 맥박이라는 일정한 리듬의 바탕 위에 생체 리듬을 형성하고 있다. 치료적인 관점에서 리듬은 개인의 리듬적 기능, 즉 운동 영역, 걸음걸이 훈련 등과 같은 감각과 관련된 행동을 이끌어 내는 데 활용된다.

국악은 예로부터 삶을 위한 음악이고 또한 공동체를 중심으로 한 상호교류의 장이며 화합으로 유도하는 사회 기능에 큰 역할을 하여왔다. 꽹과리나 징 같은 악기는 혼자서는 음악을 이룰 수가 없다. 음악을 이루기는커녕 혼자서는 연습조차 할 수 없다. 그러므로 자연스레 여럿이 함께 연주하게 되는데, 이렇게 많은 사람들과 함께 연주하다 보면 연주하는 동안에 저절로 유대감과 일체감이 형성될 수 있다. 또한 자신의 기량을 돋보이게 하는 것이 아니라 서로의 소리에 귀 기울이고 조화를 이루는 데 묘미가 있다.

국악치료의 방법

1) 국악과 신체 표현

인간의 움직임은 외부 자극에 의한 에너지 발산의 결과로 나타나기도 하지만 자신이 무엇인가 표현하려는 내재적인 욕구에 의해서도 나타난다. 즉, 걷고, 달리고, 뛰고, 구르고, 미끄러지고, 돌고, 굽히고,

흔들고, 당기는 등의 인간 움직임은 일종의 자기표현이라고 볼 수 있다(홍용희, 이한영, 최혜로, 원영신, 2007).

신체 표현은 큰 의미로 클라이언트의 전반적인 신체 활동을 말한다. 즉, 클라이언트의 발달 수준에 맞는 다양한 동작 활동을 하도록 한다는 것이다. 그리고 이를 통해 여러 가지 사물의 특성과 주변 상황을 인지하는 등 다양한 경험을 함으로써 음악과 움직임에 대한 기초적인 이해를 갖게 할 뿐만 아니라, 궁극적으로는 신체 활동을 즐기며 자신이 받은 느낌을 몸과 움직임으로 자유롭게 표현할 수 있게 하는 활동이다. 이때 음악은 본능을 자극하고 신체를 움직여서 음악의 리듬에 호응하고 표현하도록 유도하는데, 국악 감상과 함께 대상자가 그 느낌을 신체 부분(손, 발, 어깨 등)으로 표현해보는 기회를 제공한다.

동작으로 표현하는 활동은 노래대로 따라 하기와 노랫말을 듣고 자신의 생각대로 동작을 만들어 표현하기, 음악적 요소에 맞추어 동작으로 표현하기, 다양한 소리나 음악을 듣고 느낌과 생각을 독창적으로 표현하는 창의적 신체 표현하기로 나누어 볼 수 있다. 노래대로 따라 하기는 클라이언트가 노랫말의 지시대로 신체 동작과 춤의 기본적인 동작을 표현하거나, 율동처럼 이미 정해진 동작을 음악에 맞추어 표현하는 활동이다. 노래 듣고 표현하기는 클라이언트가 노래를 듣고 떠오르는 동작을 나름대로 표현하는 활동이다. 음악적 요소에 맞추어 동작으로 표현하기는 음악을 이루는 기본적인 요소인 음의 높낮이, 셈여림, 빠르기, 음의 길이, 리듬 패턴, 장단 등에 맞추어 신체로 음악을 표현하는 것이다. 창의적 동작은 극적인 접근에 초점을 두고 클라이언트들이 자유롭게 자신의 신체를 움직여서 동작을 표현하는 것으로, 기본 동작이 그 기초가 된다(조윤미, 2004).

신체 표현 활동에서는 치료사의 구조화된 동작을 따라 하는 모방활동과 대상자 스스로가 음악에 맞추어 자신을 표현해보는 활동을 사용하며, 전통 놀이나 전통 춤의 기본 동작을 응용하여 몸으로 표현해보고, 한삼, 부채, 탈 등의 전통 소품을 제시하여 이를 이용한 창의적 표현을 해 볼 수 있다. 또한, 구체적인 동작의 표현을 위해 국악곡의 빠르기에 따라 양반 행세를 하며 걸어보고, 한국 고전 무용의 걸음새처럼 걸어보는 등 여러 모습으로 걷고 뛰는 등의 활동을 한다. 신체 활동의 동작 주제는 생활과 관련된 내용으로 하며, 치료사는 시범 동작뿐만 아니라 언어적인 유도를 함께 사용한다. 또한, 대상자들의 적극적인 참여 유도를 위해 다양한 도구를 사용한다.

2) 전래 동요, 창작 국악 동요 부르기

전래 동요는 옛날부터 전해 내려오는 민족 고유의 가락으로서 우리의 생활모습과 감정, 생활 주변의 이야기들이 솔직하고 진실하게 표현된 것이다. 또한 전래 동요는 가락과 리듬이 단순하고, 그 길이가 짧으며, 음역이 넓지 않아 누구나 쉽게 배울 수 있도록 되어 있다(김현숙,1997). 일반적으로 전래동요라 함은 구전동요를 말한다. 구전된 전래동요는 2~3개의 음으로 구성된 간단한 음악 어법으로 되어 있으며, 노랫말을 통하여 쉽게 전통 음악의 장단 구조를 파악할 수 있는 전통 음악의 원형이다. 또 지방별로 그 선율이나 노랫말, 리듬에 차이가 있어서 다양한 노래 형태를 나타내고 있다. 전래동요는 언어와 음악의 조화로운 결합과 민족 정서의 자유로운 표출에 의해 그 자체가 완벽한 형식을 이룬다(조윤미, 2004). 따라서 전래동요는 장애아동에게 음악적으로 가장 단순하면서도 쉽게 접근할 수 있는 소재가 된다.

전래 동요와 창작 국악 동요 등의 곡은 음역이 넓지 않고 음계가 단순하며, 가락과 노랫말의 반복이 많아 장애아동과의 음악치료에 활용하기 적합하며, 또한 전래 동요들 속의 다양한 주제들이 클라이언트의 관심과 흥미에 적합하여 활용가치가 높다. 가사의 변형이나 시김새의 변형, 형식의 활용(메기고 받는 형식 등) 등 전래 동요의 특징들을 최대한 살려 적용해 볼 수 있기 때문이다. 또한 단순한 노래 부르기 활동을 넘어 음악극의 형태나 대화의 노래, 치료적 노래 만들기 등의 활동으로 적용할 수도 있다.

3) 국악기 연주

국악기 연주 활동은 여러 가지 소리 만들기와 악기 소리 탐색하기, 국악기 다루기 등을 말한다. 국악기 연주 활동을 통해 악기의 이름과 각 악기의 독특한 소리를 익히고 연주하는 방법을 탐색하고, 악기를 다루는 방법에 따라 다양한 음색과 리듬을 경험할 수 있다(조윤미, 2004).

북, 장구, 소고, 징 등 여러 종류의 국악기와 전통적인 국악기 외에 리듬 악기로서 옻, 나무 악기, 변형된 국악기 등을 대상자가 직접 만져 보고 악기를 다양한 방법으로 소리 내어 보도록 한다. 그럼으로써 즐거움을 느끼게 하고, 국악기의 다양한 음색과 특성에 익숙해질 수 있도록 한다. 또한 클라이언트의 생활 주변에서 볼 수 있는 물체의 소리를 탐색하고 만들어 볼 수도 있으며, 클라이언트 자신의 신체를 이용하여 혀 차는 소리, 몸 두드리는 소리, 여러 가지 목소리 내기 등 다양하고 새로운 소리를 만드는 창의적인 활동을 할 수 있다.

국악기 연주 활동은 클라이언트가 익숙한 노래를 부르며 리듬(장단)을 치거나 음악의 일정한 리듬에 맞추어 악기를 다루는 즐거운 활동이다(조윤미, 2004). 즉, 국악기 연주 활동은 클라이언트에게 악기의 정확한 연주법을 가르치기 위한 활동이 아니라, 클라이언트가 만들어낸 리듬을 악기로 소리 내어 흥을 돋우며 즐기는 활동이다.

자진모리, 단모리, 세마치, 굿거리 등의 장단의 리듬을 쉽게 변형하여 치료사와 대상자가 리듬을 모방하는 방법을 사용하며, 전래 동요나 전래 동화를 들려주고 이야기의 상황에 따라 클라이언트가 느끼는 것을 국악기로 표현하여 효과음이나 배경음악을 만들어 보는 활동을 한다. 또한, 자신이 표현하고 싶은 것을 자유롭게 나타내는 '국악기 즉흥연주'를 해보고, 사물놀이나 타악기 합주 등의 그룹 연주 활동으로 집중력과 협동심, 그룹 일체감 등을 느끼도록 한다.

악기 연주 활동에서 악기의 선정은 여러 가지 악기 중 대상자가 선호하는 악기를 선택하게 한 후 연주하도록 하며, 반복 연주 시에는 악기를 서로 바꾸어 연주하도록 하여 여러 가지 악기를 연주할 수 있는 경험을 주도록 구성한다.

3. 국악치료의 활용

사물놀이

사물놀이는 심리적 기능, 신체적 기능, 사회적 기능을 내포한다(김진경, 2005). 사물놀이 활동은 많은 클라이언트들이 선호하는 음악으로써, 클라이언트에게 정서적 안정감과 자신감을 제공한다. 특정 음악에 대한 선호는 적절한 복잡성의 수준에 의해서 결정되는데(박유미, 2009), 사물놀이는 장단의 난이도를 더하고 감하는 작업을 통해 융통성 있게 클라이언트에게 적용될 수 있다. 한 장단이 친숙해지고 참여자가 연주에 지루함을 느끼는 시점에서, 상쇠의 판단에 따라 장단을 변형하여 적절한 복잡성을 주게 된다. 장단을 능숙하게 연주하게 되면, 클라이언트는 가락을 추가하는 등 개개인의 역량과 자율성에 따라 복잡성을 조절할 수 있다. 복잡성의 단계적 제공으로 지속적인 도전 과제를 제공받고, 지적 호기심을 충족함으로써 클라이언트는 반복되는 성취감을 통한 자신감을 갖게 되고, 그룹에서 효능감을 경험할 수 있게 된다. 이러한 사물놀이 활동에 참여하는 즐거움은 강력한 강화제로 작용하고, 선호하는 음악을 연주하는 것은 안정감을 제공함으로써 클라이언트의 정서적 안정감을 제공할 수 있다. 이러한 사물놀이는 자율성이 보장되는 매우 즉흥적인 연주로 이루어지기 때문에 사물놀이를 적용하는 데 있어서, 치료사의 역량 또는 클라이언트의 역량에 따라 난이도의 조절이 매우 용이하다.

국악치료 활동은 음악 안에서 클라이언트가 자유롭게 체험하고 경험하는 과정과 함께, 지적인 호기심을 자극한다. 클라이언트는 사물놀이를 통한 단계별 접근을 통하여 실패의 경험을 최소화한다. 이를 위해 치료사는 클라이언트가 계속적으로 성취의 경험을 할 수 있는 과제를 제시하고, 클라이언트는 이를 통해 성취감을 얻고 만족감을 얻게 하는 것이 중요하다.

• 사물놀이를 적용한 치료의 인지적 목적

구조화된 사물놀이를 통한 음악적 자극은 내적으로는 자기인식능력과 자아개념을 향상시키며, 외적으로는 타인조절 능력이 향상되고 외부 세계에 대한 인식을 증진시킨다(고경주, 2004; 윤정림, 2001).

구조화된 사물놀이 연주는 주의집중력을 향상시키며(김지인, 2007; 박미선, 2003), 구음을 함께 이용할 경우, 언어 발화와 발음 명료도 증가에 치료적 효과가 있다(장옥순, 2004). 또한 지적 호기심 발달에 효과적이며(차재원, 2007) 리듬 습득력도 향상되는데(김지인, 2007), 이를 활용하면 학업 습득력을 증진시킬 수 있다.

• 사물놀이를 적용한 치료의 신체적 목적

클라이언트의 음악 선호도와 리듬의 성격 및 리듬 적용의 형태를 고려한 사물놀이 장단은 리듬청각자극으로 제공될 수 있으며, 장단 연주를 통해 즉각적 상지근육 활동이 강화되는데(문서란, 2002), 특히 파지, 조작, 도달, 응용기능의 개선에 효과가 있다(이범민, 1999). 사물놀이의 장단을 이용한 치료는 파킨슨 환자 등 언어적 문제가 있는 클라이언트의 음성 개선에 효과적이다(허수민, 2005).

• 사물놀이를 적용한 치료의 정서적 목적

사물놀이는 클라이언트의 정서적 행동발달에 효과적이다(차재원, 2007). 사물놀이는 클라이언트에 스트레스를 감소시키며(정헌권, 2000), 연주를 통해 안정감과(박미선, 2003) 자신감을 얻을 수 있다.

• 사물놀이를 적용한 치료의 사회적 목적

사물놀이는 클라이언트의 사회적 행동발달에 효과적이다(차재원, 2007). 사물놀이 연주를 통해 클라이언트는 대상과의 상호작용에 긍정적 관계를 보이며(윤정림, 2001), 사회성을 향상시킨다(이범민, 1999). 또한 자아탄력성 증진(박지영, 2011)과, 자기조절능력 향상(고경주, 2004)에도 효과적이다.

전통 북 및 난타

여러 타악기 중, 북은 사물놀이 악기의 하나로서 장구와 함께 장애학생들에게 가장 친숙한 악기이다. 전통 북은 현악기, 건반악기에 비해 개인의 감정을 즉각적으로 표현하는 데 용이하여 정서적으로 쌓인 스트레스를 쉽게 해소시켜 준다. 친숙한 음악을 배경으로 자신들의 수준에 맞는 리듬과 비트로 신나게 두들기는 행위는 클라이언트의 내면에 있는 부정적인 감정을 즉각적으로 표출시키는 기회를 제공함으로써 스트레스를 해소하고 감소시킨다.

난타는 사물놀이의 장단을 소재로 한 비언어극이다. 난타의 음악적 특징은 다양한 형태의 리듬, 반복된 악센트의 변화에 의한 다채로움과 기본박의 분할에 따른 리듬 패턴에 있다. 난타의 구성은 기존에 알고 있는 노래의 일부분의 리듬을 적절하게 삽입하여 연결하기 때문에 클라이언트로 하여금 익숙함과 즐거움을 가져다준다.

난타의 특징은 첫째, 우선 비언어극(Non-verbal Performance)이라는 점이다. 아무런 언어가 필요 없이 손짓 몸짓과 리듬으로 관객과 소통하며 즐거움과 흥미를 더해주는 퍼포먼스이다. 둘째, 난타는 리듬과 비트, 그리고 상황만으로 구성된 비언어극이기 때문에 언어의 장벽을 파괴할 수 있다. 또한 멜로디, 즉 음정이 없는 창작 악기를 연주함으로써 누구나 쉽게 연주가 가능하다. 셋째, 난타는 세계적으로 독창성을 인정받은 사물놀이의 리듬을 사용하였기에 친근감을 더할 수 있으며, 리듬에 대한 흥미도 쉽게 유발할 수 있다.

난타 활동은 생활 주변에서 볼 수 있는 물건을 사용하기도 하나, 북을 많이 이용한다. 북을 이용한 난타 활동은 그 소리의 웅장함과 손쉬운 접근으로 타악기 중에서도 난타를 위해 개발된 난타북은 난타 활동에서 느낄 수 있는 웅장함과 흥겨움을 극대화시켜 줌으로써 청각적 자극 효과가 탁월하다.

• 전통 북/난타를 적용한 치료의 인지적 목적

난타와 전통 북의 장단을 통해 클라이언트는 주의 집중력이 향상된다. 장단을 기억하고 연주함으로 인해 기억력 향상에 도움이 된다. 반복적인 리듬 패턴은 집중력과 연주기능의 향상을 가져온다.

전통 북은 자신의 생각과 느낌을 전달하기 위한 의사소통의 수단으로 활용될 수 있다. 북 연주에서 질서와 구조를 지닌 리듬은 청각장애아의 언어와 동작을 연결시키며, 창의적인 말 리듬을 만들어 내고 타인에게 소리를 전달하며, 의미 있는 소리에 반응하는 소리지각능력을 활성화시킨다.

- 전통 북/난타를 적용한 치료의 신체적 목적

난타와 전통 북의 연주를 통해 클라이언트는 대·소근육 운동을 증진시킬 수 있다. 빠른 장단의 경우는 연주를 통해 근육조절을 훈련하는 데 도움을 준다. 또한 난타와 전통 북 연주를 통해 긴장 이완 효과와 더불어, 신체 움직임의 증가를 유도함으로써 신체 기능이 활성화된다. 전통 북 연주는 맥박을 규칙적으로 조절하고 안정감을 준다.

난타와 전통 북의 소리는 청각 자극에도 효과적이다. 전통 북은 비언어적 감정표현 및 타인을 이해하고 공감하는 데 활용되어, 음악을 귀로 듣기보다는 진동으로 느끼고 몸으로 감지하는 청각장애인의 감각자극을 활성화시켰으며, 저주파를 지닌 북 소리는 잔존청력을 자극하며 소리의 유무를 구별하게 하였고, 질서 있고 조화로운 리듬적인 진동은 리듬, 강약, 빠르기, 표정, 동작 등 다양한 표현 방식을 유도하는 데 활용될 수 있다.

• 전통 북/난타를 적용한 치료의 정서적 목적

난타는 창작과 문화 활동 체험의 기회를 제공하고, 문화 활동에 대한 흥미와 자발적 참여를 이끌어 낼 수 있으며 창의성이 발휘되어 다양한 아이디어로 줄거리가 창작되고 다양한 소리와 장단으로 리듬을 표현할 수 있다. 또한 익숙한 노래와 장단을 통해, 연주 자체로 즐거움을 느낄 수 있다.

한국의 전통 장단을 조화롭게 연결한 곡의 연주를 통해 어려운 리듬의 곡도 쉽게 연주해 낼 수 있다는 자신감을 가지게 된다. 전통 장단을 난타로 연주하면서 특정한 전문가들만 연주할 수 있다는 고정관념을 벗어버리게 되고, 즉흥적인 리듬과 다양하게 연결된 장단의 곡을 연주할 때마다 성취감이 고조된다.

또한 클라이언트는 난타와 전통 북 연주를 통해 자신감과 자기효능감을 증진시킨다. 난타와 전통 북 활동에서 반복적으로 경험하는 성취감이나 성공감으로 인해 자기효능감이 증진된다. 또한 난타와 전통 북의 역동성으로 인해 클라이언트는 공격성 등의 부정적인 정서를 긍정적으로 표출하고 스트레스를 해소할 수 있다. 또한 난타와 전통 북은 스트레스에 취약하게 만드는 성공에 대한 낮은 기대감이나 실패에 대한 두려움과 같은 부정적 심리적 특성을 개선시키는 역할을 한다. 정서적으로 이완되고, 긍정적이고, 안정적인 정서 상태로 회복시키는 데도 도움을 준다.

진동을 이용한 북 연주는 스트레스 해소와 역동적인 에너지를 분출하는 기능으로, 말로 표현하지 못하는 클라이언트의 내적인 심리를 표현시키고 자아의 힘을 키우는 효과적인 접근방법이다.

- 전통 북/난타를 적용한 치료의 사회적 목적

난타와 전통 북은 협력적 연주를 통해 느끼는 일체감이나 소속감을 느끼게 한다. 전통 북과 같은 타악기 리듬은 음악적 배경이 거의 없는 사람들도 쉽게 참여할 수 있으며, 지속적이며 균일한 박자는 신체적, 정신적, 정서적으로 강한 집단응집력과 소속감을 형성시키고 역동성을 쉽게 이끌어 낼 수 있는 장점이 있다. 난타와 전통 북은 타인의 행동과 소리를 의식해야 참여가 가능하므로 사회적 행동을 경험할 수 있다. 저주파의 음역을 지닌 북 소리의 진동자극은 연주를 쉽게 유도하고, 연주를 통해 구성원 간의 관계 형성 및 사회적 상호작용을 위한 차례 지키기, 지시 따르기, 협동하여 연주하기, 타인의 연주 공감하기 등을 유도하는 데 활용된다.

전통 북과 난타는 주로 집단치료에서 활용된다. 집단치료에서의 난타 활동은 리듬과 비트로 호흡을 맞추면서 서로 간에 공유하는 교감, 일체감과 곡의 완성에 따르는 성공감을 통해 클라이언트에게 사회적 지지를 준다. 정서적인 문제를 가진 클라이언트는 난타와 전통 북을 통해 적절한 대인관계 기술을 습득할 수 있다. 또한 구조화된 틀에서 연주하며 자기조절능력을 향상시킨다.

소리

소리는 인간이 살면서 경험하는 감정과 정서를 노래로 담아내고 소통하는 수단이다. 목소리는 인간이 소통을 위해 사용하는 일차적인 도구이며 신체화된 도구이기 때문에 감각적으로 느끼고 표현할 수 있는 장점이 있어(김기형, 2004), 다감각·다지각적 체험을 돕는다. 인간의 목소리는 내면의 힘과 역량, 유용성을 키워줄 수 있는 도구이다. 소리와 함께 표현되는 신체적 동작은 노래의 흐름과 역동성을 보다 효과적으로 나타낸다.

소리는 본질적으로 치료적이며 치유적인 속성을 지닌다(정현주, 2013). 소리는 다양한 형태로 소통될 수 있는데, 이러한 유동적인 활용성은 클라이언트의 필요와 치료 목적에 따라 자유롭게 적용할 수 있는 장점이 있다. 소리의 개인성, 주관성, 독창성은 클라이언트의 감정적 정화(카타르시스)를 경험하도록 한다.

전통적인 판소리는 고수가 등장하는데, 고수는 간단한 장구나 북으로 리듬이나 언어적 촉구를 활용하여 정서교감, 교감적 대화, 감정이입 등의 상호작용을 한다. 이는 치료적인 관계로 적용할 수 있는데, 클라이언트의 노래에 치료사가 추임새로 반영, 촉구, 지지함으로써 치료에 효과를 높일 수 있다. 고수가 소리의 순간을 관찰하고, 확인하고 지지하며 즉각적으로 반응하듯, 치료사는 클라이언트의 지지와 격려를 제공해준다.

• 소리를 적용한 치료의 인지적 목적

클라이언트는 판소리를 통해 자기 자신에 대해 자각하게 됨으로써 말과 행동 등의 표현을 조절할 수 있다(함선희, 2010). 또한 언어구사력, 어휘력, 표현력, 기억력 등 언어능력과 인지능력이 향상되며 음절 인식에도 도움이 된다.

- 소리를 적용한 치료의 정서적 목적

소리를 활용한 치료는 클라이언트의 억압된 감정을 표출하며, 내재된 정서와 감정을 표현하도록 돕는다(정현주, 2013). 클라이언트에게 자기 존재의 진정성과 절대적인 가치를 발견할 수 있는 기회를 제공하며, 목소리를 매개로 하여 자신의 내면을 탐색하는 데 도움이 된다. 판소리를 활용한 국악치료는 등장인물을 통하여 감정을 표현함으로써 내적 갈등이 해결되며, 자유로운 감정 표현을 돕고, 정서적인 안정감을 준다(함선희, 2011). 또한 자아존중감 향상에 긍정적인 영향을 미친다(김미경, 2005).

- 소리를 적용한 치료의 사회적 목적

판소리를 이용한 음악치료극은 클라이언트의 사회교류 및 사회 성숙도를 향상시켜 사회적 고립감을 감소시킨다(함선희, 2010). 판소리의 대사를 통해 사회 교류 중 의사소통 개선에 효과적이며, 대화방식도 능동적으로 변화된다. 집단치료에서는 판소리를 통해 그룹원들에 관심을 표현하며, 홀로 되는 양상이 감소됨으로써 사회적 고립이 감소된다.

판소리의 음악적이고 정서적인 요소와, 내용의 교훈적이고 도덕적인 요소, 음악치료극의 상호적이고 적응적인 요소의 결합을 통해 심리적이고 구조화된 치료를 할 수 있다. 소리를 적용한 치료는 클라이언트의 상호 교류와 적응 능력을 향상시키며, 상대방에 대한 배려심을 증가시킨다.

감상

- **감상을 적용한 치료의 인지적 목적**

국악은 한국적인 정서를 반영한 음악이다. 따라서 클라이언트, 특히 노인층의 클라이언트의 회상에 도움을 준다. 강한 연상 작용은 인생을 회고시키는 자극으로 사용될 수 있고 이를 통해 기억력을 증진시킬 수 있다. 치매의 경우 단기기억력은 낮지만 장기기억은 오랫동안 보존하는 경우가 많다. 감상을 통해 장기기억을 자극시키고, 이를 통해 단기기억력 증진에도 효과를 기대할 수 있다. 또한 익숙한 음악 감상을 통해 회상을 유도하여 치매 클라이언트에게 익숙한 물건, 소품 등 지남력 향상으로 적용할 수 있다.

- **감상을 적용한 치료의 신체적 목적**

감상과 병행한 긴장 이완, 신체 움직임은 클라이언트로 하여금 신체 활동량을 증가시킨다(김현정, 2014). 국악은 클라이언트에게 익숙한 이미지를 주는데(유은원, 2010), 익숙한 음악은 클라이언트로 하여금 긴장을 이완시키는 역할을 한다. 또한 불면 증상을 보이는 클라이언트에게 국악 감상을 통하여 숙면 훈련을 적용할 수 있다(김현정, 2014).

- **감상을 적용한 치료의 정서적 목적**

국악의 문화적, 민족적인 요소가 감상을 통해 그룹원들에게 안정감과 긍정적인 경험을 제공하여 우울을 감소시킨다(김현정, 2014). 국악은 클라이언트로 하여금 익숙한 이미지를 주는데(유은원, 2010), 익숙한 음악은 클라이언트로 하여금 안정감과 편안함을 제공한다.

한편 국악 감상을 통하여 클라이언트는 자신의 과거에 대해 회상하며 이를 통해 안정적이고 긍정적인 정서반응을 나타낸다. 회상을 통해 클라이언트는 과거의 기억을 현재와 연결시키며, 이를 통해 자신이 살아온 인생을 돌이켜볼 수 있다(Deest, 1995). 회상을 이용한 국악치료는 노인들이 과거의 경험을, 긍정적인 지지를 통해 재구성할 수 있는 기회를 제공한다. 즉, 과거의 슬픈 기억들을 치료사나 그룹원들과 긍정적인 지지를 통해 재구성할 수 있다는 것이다(유은원, 2010).

• 감상을 적용한 치료의 사회적 목적

감상기법을 적용한 국악치료는 클라이언트로 하여금 성공적 경험과 성취감을 획득시켜 삶의 질을 향상시킨다(김현정, 2014). 회상을 통한 국악치료는 사회성 증진을 도와 대인관계를 향상시킨다. 집단치료의 경우 국악을 통해 공감대를 형성할 수 있는 과거 생활의 경험을 치료의 소재로 활용함으로써 서로에 대한 동질감을 느끼고, 같은 어려움을 겪은 사람이 줄 수 있는 위로와 지지를 유도하여 정서적 유대감을 형성하는 데 도움을 준다.

기타

사물놀이, 전통 북/난타, 소리, 감상 외에도 다양한 방법으로 국악치료를 적용할 수 있다. 예를 들면, 치료를 목적으로 한 단소 연주는 클라이언트의 주의집중력을 향상시키고, 부적응 행동 감소에 효과적이다(홍은희,1999). 또한 호흡 조절과 정서적 안정을 얻는 데 효과적이다. 전래동요 암송은 유아의 음절인식에 긍정적인 영향을 준다(안상희, 2003). 탈춤은 집단 음악심리치료적 기능, 신체적 기능, 사회적 기능, 종합예술치료적 기능을 내포하고 있다(김진경, 2005). 승무 등의 춤곡은 클라이언트의 동작을 이끌어 낼 수 있으므로 신체재활 등 다양하게 이용할 수 있을 것이다. 이처럼 국악의 다양한 요소들을 통해 적용될 수 있다.

참고 문헌

강경선(2009). 표현예술치료로서 사물놀이의 활용방안 연구. 인문과학연구, 23, 453-470.
고경주(2004). 사물놀이 프로그램이 정신지체학생의 감성지능 발달에 미치는 효과. 대구대학교 교육대학원 석사학위논문.
권오성(1999). 한민족 음악론. 서울: 학문사.
권오성(2006). 한국 전통음악. 서울: 민속원.
김기형(2004). 판소리의 교육현황과 발전방안. 판소리연구, 17(1), 7-25.
김덕수(1996). 사물놀이 이론과 실제. 서울: 세광출판사.
김미경(2003). 사물놀이 프로그램이 중학생의 자아존중감에 미치는 영향. 건국대학교 교육대학원 석사학위논문.
김미경(2005). 판소리가 정신지체아의 자아존중감에 미치는 효과. 추계예술대학교 교육대학원 석사학위논문.
김선하(2009). 리듬악기합주 활동이 저소득층 아동의 사회성 향상에 미치는 영향. 한국음악치료학회지, 11(1), 40-59.
김영욱(1996). 한국 음악의 이해. 서울: 민속원.
김종인(2005). 음악치료 악기론. 경기: 지식산업사.
김준호, 손심심(1997). 우리 소리 우습게보지 마라. 서울: 이론과 실천.
김지인(2007). 장구연주가 정신지체아의 주의집중력 신장과 리듬습득 향상에 미치는 효과. 대구대학교 교육대학원 석사학위논문.
김진경(2005). 전통음악활동의 음악치료 적용을 위한 기능별 비교연구-탈춤과 사물놀이를 중심으로. 대구대학교 교육대학원 석사학위논문.
김해숙(2007). 현존 한국 전통음악 장단의 불균등 리듬구조. 한국정신문화연구원대학원 박사학위논문.
김헌선(1995). 김헌선의 사물놀이 이야기. 서울: 풀빛.
김현숙(1997). 동요와 놀이. 국립국악원 제2차 국악동요 작곡을 위한 워크샵 자료집.
김현정(2014). 노인 우울중재를 위한 국악치료프로그램 개발. 인문과학연구, 41, 441-463.
김혜정. (2007). 초등국악교육의 이해와 실제. 서울: 민속원.
남우선, 이동복, 김수용(2003). 우리소리태교. 서울: 서울음반.
문서란(2002). 사물놀이의 자진모리장단이 노인의 상지근력 활동도수에 미치는 영향. 숙명여자대학교 음악치료대학원 석사학위논문.
박미선(2003). 전통 음악교육을 통한 주의산만 학생의 집중력 치료에 관한 연구. 전북대학교 교육대학원 석사학위논문.
박유미(2009). 음악심리학의 이해. 서울: 음악춘추사.
박지영(2011). 치료적 사물놀이 활동이 시설보호아동의 자아탄력성 증진에 미치는 영향에 대한 연구. 명지대학교 사회교육대학원 석사학위논문.
백대웅(2005). 한국음악학에서의 용어 개념 정의와 해석. 민속학연구, 14, 193-230.
백대웅(2007). 국악용어 해설집. 서울: 보고사.
변재인(2008). 한국 민속음악의 치유적 효과에 관한 문헌연구. 원광대학교 일반대학원 석사학위논문.
손정호, 배명진(2004). 사물놀이 악기소리와 인간의 목소리 주파수 대역. 전자공학회지, 31(6), 719-729.
신대철(1993). 우리 음악, 그 맛과 소리깔. 서울: 교보문고.
안경애(2002). 타악기 연주 활동이 자폐성 장애 유아의 부적응 행동 감소에 미치는 영향. 유아특수교육연구, 2(2), 121-134.
안상희(2003). 만 4, 5세 유아의 전래동요 암송과 음절인식의 관련성 연구. 숙명여자대학교 음악치료대학원 석사학위논문.
양은정(1997). 유아국악교육에 대한 교사의 인식 및 현황. 이화여자대학교 교육대학원 석사학위논문.
유은원(2010). 음악의 형태가 노인의 회상 유도에 미치는 효과: 기악산조와 Adagio를 중심으로. 순천향대학교 건강과학대학원 석사학위논문.
윤명원(2007). 풍물놀이와 사물놀이의 음악적 차이. 음악과 민족, 32, 225-254.
윤정림(2001). 음악활동을 통한 자폐성 아동의 외부세계 인식 및 상호작용에 관한 연구. 이화교육논총, 11, 339-355.
이덕조(2003). 타악기 연주 프로그램이 정서에 미치는 영향 : 중학생을 중심으로. 경희대학교 교육대학원 석사학위논문.
이범민(1999). 사물놀이가 뇌성마비 학생의 상지동작 및 사회성발달에 미치는 영향. 대구대학교 교육대학원 석사학위논문.
이보형(1980). 사물놀이-한국음악, 27. 서울: 국립국악원.
이상진(2002). 한국농악개론. 서울: 민속원.
이석원(2002). 음악심리학. 서울: 심설당.
이성재(1994). 재미있는 국악 길라잡이. 서울: 서울 미디어.

이수진(2002). 집단음악활동이 초등학생의 공격성 감소에 미치는 영향. 숙명여자대학교 음악치료대학원 석사학위논문.
이순례(1997). 유아 국악 교육에 관한 일 연구- 유치원 교사와 어린이집 교사의 비교. 강남대학교 논문집, *30*, 45-67.
이은경(2007). 전통타악기를 활용한 즉흥연주가 청각장애 대학생의 스트레스에 미치는 효과. 음악치료교육연구. 5(2), 39-67
임은희(1992). 음악 속에 숨은 의학. 서울: 청암문학사.
장빛나, 김수지(2009). 타악기를 이용한 음악 활동이 유아 스트레스에 미치는 영향. 아동교육, *18*(3), 213-226.
장옥순(2004). 사물놀이가 중증 정신지체아의 언어능력신장에 미치는 효과. 대구대학교 교육대학원 석사학위논문.
전연욱(2008). 국악을 활용한 동작활동이 유아의 창의적 신체표현력에 미치는 효과. 한국교원대학교 교육대학원 석사학위논문.
정병호(1986). 농악. 서울: 열화당.
정원경(2003). 취학 전 아동의 국악 프로그램 개발 연구. 중앙대학교 교육대학원 석사학위논문.
정헌권(2000). 사물놀이 프로그램이 아동의 스트레스 감소에 미치는 효과. 한남대학교 교육대학원 석사학위논문.
정현주(2005). 음악치료학. 한국음악지각인지학회(편.), 음악의 지각과 인지 1 (PP. 319-338). 서울 : 음악세계.
정현주(2011). 인간행동과 음악 : 음악은 왜 치료적인가. 서울 : 학지사.
정현주(2013). 트라우마가 있는 여성을 위한 소리음악치료. In Baker, F., & Uhlig, S. (Eds.), 음악치료에서의 목소리 활용기법(정현주 외 역.) (pp.93-125). 서울 : 시그마프레스.
정혜정(2004). 국악치료가 뇌졸중 환자의 우울감에 미치는 효과. 대구대 재활과학대학원 석사학위논문.
조윤미(1998). 음악, 문학, 미디어와 세계이해. 다문화를 통한 세계이해- 우리 음악과 춤. 서울: 한국어린이육영회 연수원.
차재원(2007). 사물놀이가 정신지체아의 사회·정서적 행동발달에 미치는 영향. 대구대학교 특수교육대학원 석사학위논문.
최애나, 엄진명(2009). 타악기를 이용한 즉흥연주가 자폐성 아동의 사회적 상호작용에 미치는 효과. 특수아동교육연구, *11*(3), 75-101.

한지현(2005). 공격성 아동을 위한 음악치료 : 타악기 연주활동 중심의 사례 연구. 인간행동과 음악연구, 2(2), 33-56.

함선희(2010). 음악치료가 치매노인의 대인관계 향상에 미치는 영향 : 판소리계 소설을 활용한 주제 환상극을 중심으로. 순천향대학교 건강과학대학원 석사학위논문.

허수민(2005). 장단을 이용한 치료 프로그램이 파킨슨병 환자의 음성 개선에 미치는 효과. 대구대학교 대학원 석사학위논문.

홍용희, 이한영, 최혜로, 원영신(2007). 유아를 위한 동작교육의 이론과 실제. 서울: 다음세대.

홍은희(1999). 단소연주프로그램 적용을 통한 학습부진아의 주의집중력 신장 연구. 단국대학교 교육대학원 석사학위논문.

황병기(1994). 깊은 밤, 그 가야금 소리. 서울: 풀빛.

Bruscia, K. E. (1998). *Defining music therapy second edition*. NH : Barcelona Publishers.

Deest, H. V. (1995). *Heilen mit Musik*. Stuttgart: Trias.

Deest, H. V. (1998). 음악치료 (공찬숙, 여상훈 역.). 서울: 시유시. (원저 1997 출판)

Gaston, E. T. (1968). Man and music. In E. T. Gaston (Eds.), *Music in therapy*(pp. 7-29). NY: The macmillan company.

Merriam, A. P. (1964). The anthoropology of music. Evanston, IL: North-west University Press.

Moreno, J. J. (1988). The Music Therapist : Creative Arts Therapist and Contemporary Shaman. *The Arts in Psychotherapy, 14*(4), 271-280.

Morenol, J. J. (1999) 음악치료와 세계의 전통음악요법, 음악치료와 사이코드라마. 제5회 국제음악치료 워크샵 자료집.

O'Neill, S. A., North, A. C., & Hargreaves, D. J. (2002). 청소년기의 성 고정관념에 따른 악기 선호도 (최은규 역.). 음악 마인드 과학. 서울: 음악세계.

Ormrod, J. E. (2003). *Humanlearning* (4th ed.). NJ: Prentice Hall.

Radocy, R. E., & Boyle, J. D. (2006). *Psychological foundations of musical behavior*. IL: Charles C Thomas Publisher Ltd.

Robb, S. L. (2003). Coping and chronic illness : music therapy for children and adolescents with cancer. In Robb, S. L. (Ed.), *Music therapy in pediatric healthcare research and evidence-based practice* (pp.101-136). KS: American Music Therapy Association, Inc.

Rossing, T. D., Yoo, J., & Morrison, A. (2004). Acoustics of percussion instruments: an update. *Acoustical Science and Technology, 25*(6), 406-412.

Sears W(1968). Processes in Music Therapy. In E. Gaston(Ed.), *Music in Therapy*(pp. 30-46). NY : MacMillan

Thaut, M. (2009). 리듬, 음악 그리고 뇌 (차영아 역.). 서울 : 학지사. (원저 2005 출판)

Toppozada, M.R. (1995). Multicultural training for music therapists : An examination of current issues based on a national survey of professional music therapists. *Journal of Music Therapy, 32*(2), 65-90.

Wapnick J, Mazza JK, Darrow A(1998). Effects of Performer Attractiveness, Stage Behavior, and Dress on Violin Performance Evaluation. *Journal of Research in Music Education, 46*(4); 510-521.

음악치료기술 제2장

심상 음악 치료

Music Therapy

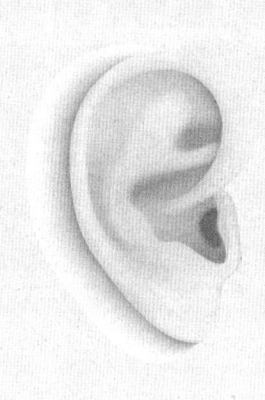

1. 유도된 심상음악치료(Guided Imagery and Music)

유도된 심상음악치료(Guided Imagery and Music; 이하 GIM)는 1970년대 미국에서 Helen Bonny에 의해 개발되었으며, 치료목적에 맞게 특별하게 프로그램화된 클래식 음악을 사용하여 신체적, 정신적, 영적에서의 통합을 이끌어 내는 심층음악심리치료 방법이다. GIM은 1970년대 초반, 어릴 때 정신적 쇼크를 가지고 있는 청소년의 의식세계를 돕기 위한 형태를 가지고 시작되었다. 보조이론으로서 Maslovian, Jungian, humanistic idology, 그리고 독특한 GIM자체의 형태를 가지고 서로 간의 이론을 받쳐주는 것을 선택해 정리되었다. 음악을 사용한 GIM은 Helen Bonny에 의해 만들어져 Bonny Method GIM이라 불린다.

음악과 심상[7]

Helen Bonny가 발전시킨 GIM은 음악 중심적이고 변형적인 치료법으로서 주로 고전음악으로 구성되어 있으며, 한 개인의 내적인 경험을 극적으로 풀어헤쳐 육체적, 정신적, 영적 통합에 도움을 준다. GIM세션에서의 음악은 의식의 교체상태를 경험하게 하고, 각각의 음악 요소

---

7 심상은 인간의 외부세계와의 상호교류에서 일어나는 내적 갈등의 표상이며 이에 대한 긴장을 표현해 주는 상징적인 역할을 한다. 이러한 심상은 음악을 통해 자극되고 표현되므로 체험되는 심상은 감상자의 정서 및 감정과 연관되어 있다.

는 개인이 어떻게 음악을 듣고 받아들이는가에 커다란 영향을 미친다. 의식의 교체상태(NOS)는 수용적이고 개방적이지만 클라이언트를 개인적으로 중요한 사건에 집중시키고, 음악의 특성들을 통해 다양한 종류의 이미지 형상을 발현시키도록 한다. Bonny(1972)는 음악의 연속성, 구조 그리고 방향을 제시하여 심상을 촉발시키는 중요한 역할을 한다고 하였다. 그러면서 개인의 감정, 기분, 관계, 기억, 이미지와 경험에 미치는 음악적 요소의 기능과 음악 감상의 효과, 특히 음악, 함축과 기능 사이의 연관성에 집중했다. 특히 Mckinney(1990)는 음악이 자발적 이미지에 끼치는 영향을 연구하였다. 음악은 관련된 감각의 수, 이미지의 유형, 생동감, 이미지 내에서의 활동, 그리고 피험자가 이미지를 만들어내는 데 걸린 시간 등을 비롯한 이미지의 여러 측면에는 영향을 미치지 않았다. 하지만 음악을 듣는 동안 경험했던 정서의 강도에는 유의미한 영향을 미쳤다.

음악은 이미지 관여 수준에 영향을 미치며(Summer, 1981), 점진적 긴장 이완이나 침묵보다 이미지의 생동감을 증대시키는 데 더 효과적이다(Quittner, 1980). 음악 감상의 반응은 생각, 감정, 지각의 이미지화이며, 프로그램된 음악이 사람들의 실존적 문제와 접촉할 수 있도록 만드는 것이 가능하다(Osborne. 1989). 인간은 음악을 통해 다양한 이미지와 색채, 감정 등을 장시간 동안 지속적으로 경험할 수 있다(Nerenz, 1969; Leuner, 1974; Bock, 1975; Quittner & Gluckauf, 1983). 즉, 음악은 정신적 심상의 생산을 촉진시킬 뿐 아니라, 특정 음악을 치료용으로 사용함으로써 감정적 반응의 중추로 직접적으로 이동하는 것과 기억에 저장된 자료의 흐름과 표출을 활성화하도록 돕는다(Critchley & Henderson, 1985).

1) 심상의 역사

심상은 의학분야에서 치료를 위해 광범위하게 사용되어 왔다. Achterberg(1985)는 무당과 신비주의자, Asclepius, Hippocrates, Arispotle 와 같이 알려진 의학 선구자들도 치료를 위해 심상을 사용하였다는 것을 설명하고 있다. 이미 Achterberg와 Lawlis(1978)는 가난한 환자와 많은 교육을 받은 전문가를 대상으로 행해진 연구에서, 심상이 암의 긍정적 예후에 영향을 미치는 것으로 보고했다. 나바호 인디언의 전통치료에서는 심상을 통해 표현된 환자의 내면이 외부 기관을 통해 얻어진 정보보다 앞서는 것을 보여주었는데, 이 인디언 치료를 Achterberg(1985)는 환자가 개인의 치료과정의 이미지를 계속적으로 발전시키도록 격려받는 상징적인 드라마라고 묘사하였다.

2) 심상이 신체에 미치는 영향

GIM에서 음악은 심상을 유도할 뿐만 아니라 신체·생리적인 긴장이완을 이끈다. 긴장과 이완에 대해서 Berry(1976)는 '모든 음악은 음악 요소들의 운동으로 이루어진다고 하였다. 이 운동의 상태는 상행, 하행, 전체, 그리고 복합적 기능 등으로 구분되며 이러한 운동에 의해 감정의 변화가 일어나, 긴장이 증가되거나 감소되고 긴장의 변화가 없는 상태가 된다고 했다.

Stephens(1974)은 음악과 이완 기법을 사용하여 알코올 환자들의 불안 수준을 낮추기 위한 파일럿 연구를 실행하였는데, 배경음악을 사용한 이완은 배경음악을 사용하지 않은 이완보다 알코올 환자들의 불안을 낮추어 주는 결과를 나타내었다. 음악은 긴장이완의 효과가 있으며 신체적인 이완상태를 유도하는 데 유용한 도구이다. Thaut(1989)는 정신과 입원 환자들의 긴장 이완과 정서, 사고의 변화를 측정하기 위해 그룹치료, 그룹악기즉흥연주, 음악과 긴장 이완의 그룹을 비교하여 실험하였는데 음악과 긴장 이완의 그룹에서 유의미하게 높은 결과가 나타났다.

이처럼 Bonny와 Savary(1973)에 의해 개발된 심상유도 음악프로그램(GIM)은 특정한 장면이나 세팅, 또는 상징적인 생각들을 언어로 제시하는 것을 포함하는 과정으로써 긴장을 이완하게끔 이끌어 간다.

초월심리적 측면에서의 GIM

Bonny는 정신역동적, 인본주의적, 초월심리치료에 바탕을 두고 GIM을 개발하였다.

- 정신역동적 측면의 GIM

Bruscia는 자아, 초자아, 원초아의 세 가지 성격 구조의 역동적 상호작용이 음악으로 유도된 심상을 통해 표현된다고 하였다. GIM과정에서 이러한 역동적 상호작용의 이해와 통찰을 얻을 수 있다고 하면서, GIM의 정신역동적 측면을 강조하였다.

- 인본주의적 측면의 GIM

GIM은 인본주의적 치료 개념인 자기실현과 욕구충족, 그리고 완전히 기능하기 위한 잠재력의 탐색 등을 강조하였다.

- **초월심리적 측면의 GIM**

GIM은 초월경험(transpersonal experience)을 중요시한다. 초월경험은 내적 혹은 내면세계와 초월적 영역(transpersonal dimension)에서의 경험을 의미한다.

GIM은 자기-자각과 이해를 증가시키는 데 목적을 둔, 초월심리학에 기초를 둔다. 초월심리학의 목적은 클라이언트가 자기 자신에 대한 확장된 자각을 성취하도록 하는 것이다. 초월심리학 세션에서 나타나는 경험은 클라이언트의 기본적 요구뿐 아니라 정서적, 정신적, 영적 요구까지도 만족시키도록 그들을 격려한다. 그들의 모든 요구를 채움으로써 클라이언트는 전체로서의 자기를 이해하고, 최상의 수준의 정체성에 다다르며, 자기-실현을 성취할 수 있다. 치료적 경험은 존재의 초개인적 측면을 포함시키기 위하여 내면을 향하여 여행하고 그의 내적 세계에 대해 좀 더 이해하며, 자신의 정체성을 향상시키도록 클라이언트를 격려한다. 내적 추구는 클라이언트로 하여금 전체성과 초월성을 향하여 이동하도록 하는 지혜를 이끈다(Vaughan, 1979).

초월심리학의 주요한 목적 중 하나는 클라이언트로 하여금 자신들의 내적 자료를 건드리도록 하는 것이다. 초월심리학자들은 모든 클라이언트가 개인적 치유의 자연적인 과정을 따름으로써, 독자적으로 성장하고 발전할 수 있는 잠재력이 있다고 본다.

치료사는 클라이언트의 문제를 해결해 주는 대신, 클라이언트의 치료 중에 발생하는 통찰을 통하여 지식을 얻어 감에 따라, 단순히 그들을 지지한다. 클라이언트는 초개인적 치료를 통하여 자아 수준에서의 자각 한계를 초월하여 심상과 꿈을 통한 좀 더 완전한 자기-이해를 경험할 수 있다. 이러한 심상은 내적 경험의 신화적, 원형적[8], 상징적 영역을 포함한다. 클라이언트는 이러한 심상을 통하여 자기의 현실화를 경험한다. 클라이언트는 그들의 정체성을 분리된 부분으로 관조(觀照)하고, 모든 내적 갈등을 해소할 수 있다. 그 후 클라이언트는 재통합 과정을 통하여 진보하고 자아 경계선을 초월한다(Vaughan, 1979).

초월심리학에서 경험의 궁극적인 목적은 자기-초월이다. 이것은 클라이언트가 그들 자신을 "총체적으로 고립된 것이 아닌 좀 더 큰 어떤 것의 부분으로서, 선천적으로 연관되고 모든 것과 관련된 것으로서" 그들 자신을 이해할 때 일어난다(Vaughan, 1979).

클라이언트는 관계들을 통하여 서로 얽힌 우주 만물 속에 그들이 어떻게 적합한지를 이해한다. 그 후 클라이언트는 이 우주 만물 속에서 그들 자신의 목적과 책임감을 수용해야만 한다. 클라이언트가 자기 자신과 우주 만물에 대해 완전히 이해하게 되면, 그들은 개인적 자유, 내적인 방향성 그리고 책임감을 얻게 된다(Vaughan, 1979).

---

8 GIM에서의 심상은 다양한 종류의 원형(archetype)과도 연관되어 있다. Jung은 본능과 같은 일차적 과정은 무의식 차원에서 자기충족, 생존, 항상성을 추구하는데, 이는 기억과 충동을 표현해 주는 원형으로도 상징되어 표현될 수 있다고 하였다. 자아는 원형과 같은 창조적 표현 형식을 통해 인간의 본질적인 부분을 이미지로 보여줌으로써 인간이 완전한 존재로 향하게 하는 방법과 목적, 그리고 방향을 제시한다.

심리치료로서의 GIM

전통적인 심리치료는 초의식적이거나 초개인적인 수준의 가능성을 대부분 무시해 왔다. 이러한 경험은 클라이언트가 현실을 기피하거나(억압. 본능), 현실을 배척하거나(부정), 현실을 재정의하거나(합리화), 현실을 전복시키도록(반동형성)하는 방어체계의 증상이다. 그러나 Jung, Assagioli, Desoille, Perls, Leuner의 심층적인 정신분석 작업이 알려지면서 변하기 시작했다. 심층 심리학에서 주요하게 다루는 심상은 의식 세계로 노출된 마음의 외형적 모습, 즉 우리의 심층적인 마음이 어떤 형상적 모습을 갖추어 우리의 의식 세계 안에 나타나는 것을 말한다(최범식, 1999).

GIM에서는 초의식의 영역에서의 경험들을 통해 내면의 갈등을 치료하는 데 치료적으로 유용할 뿐 아니라, 경험하는 자아와 더 높은 자아의 결합을 통해, 더 높은 의식 수준으로 끌어올리는 수단으로 작용한다(Bonny, 1978b). 또한 GIM에서는 심상과 음악 둘 다 클라이언트의 전이를 위한 '투사 스크린' 역할을 하므로, 클라이언트는 음악과 자신들의 내면세계 사이의 관계를 정립하도록 고무된다. 음악은 언어를 사용하는 정신분석 치료법보다 클라이언트에게 비언어적 방식으로 접근하여 저항을 감소시키고 상을 쉽게 이끌어 낼 수 있도록 돕게 된다.

이 새로운 형태의 심리치료는 음악을 통해 마음이 이미지를 받아들여서 감정과 근원적인 원인에 대한 의사소통을 하기 위한 것이다. GIM은 깨어 있는 상황에서 꿈을 꾸는 듯한 경험으로 사람들로 하여금 그들의 내면의 세계와 연결될 수 있도록 해주며 이것은 현재 삶의 이슈인 문제를 조명하거나 해결하도록 도와준다(Carol, 2001). GIM은 언어 중심의 전통적인 심리치료가 가지지 못하는 강점을 가지는데, 여기에서 음악은 감정이나 기억과 관련된 부분을 건드리는 비언어적인 매개체로, 해결되지 못한 분노나 두려움, 슬픔이 GIM을 통해 유동성을 가지고 나타나도록 한다. 또 음악은 보다 긍정적이고 강한 정서적 반응을 촉발하며, 도입(Induction)으로 유도된 깊은 긴장 이완의 상태와 결합하여 일상의 이성적인 사고로부터 해방되어 좀 더 직관적인 내면으로 들어갈 수 있도록 돕는다.

이때 음악은 분석적이거나 판단적이지 않은 방법으로 더 깊은 내면으로 들어가도록 함으로써, 이전에는 접근할 수 없었던 내면의 영역에 접근하도록 한다. GIM은 경험(심리학적인, 신체적인, 사회적인, 종교적인, 원형적인)의 모든 양상을 통해 인간성을 보는 인간적이고 초개인적인 심리학과 조화를 이루어 '인간에 대한 전체적인 이해가 나타나도록 해주는 독특한' 접근법이다(Bonny, 1978a). 이처럼 GIM이 그 자체로 근본적인 정신 치료적 기능을 수행할 수 있다는 가정을 증명하고 지지하기 위해 더욱 많은 연구가 이루어져야 한다. 심상에 기초한 유사한 양식을 가진 현재의 문헌에 기반을 두고 기존의 정신 치료와 결합할 경우, GIM은 클라이언트의 정신적 치료를 가속화하고 현재 행해지는 치료의 기간을 단축시킬 수도 있을 것이다(Singer & Pope, 1978; Jarvis, 1988).

GIM의 특징

1) 능동적 음악 감상

GIM은 음악으로 이끌어진 심상을 통해서 자기를 발견하고, 성찰하여 문제를 해결할 수 있도록 안내해 나가는 음악치료의 한 방법이다. GIM은 수동적으로 음악을 감상함으로써 획일적인 반응을 이끄는 것이 아니라, 클라이언트의 치료목적에 부합되게 클라이언트의 심상을 통해서 자신을 체험할 수 있도록 음악을 프로그램화하고, 이렇게 음악으로 유도된 심상, 즉 상을 통해 자신을 이해하고 자신의 문제와 자기(self)를 찾을 수 있도록 계획된 프로그램이다.

2) 심상, 감정, 음악의 상호과정

GIM은 감상자의 독특한 경험을 창조하기 위해 음악, 심상, 감정, 사람 전체(the whole person)를 합한다. 이때 음악은 신경시스템에 영향을 미쳐 감정을 쉽게 촉발시킨다. GIM의 현장에서 음악은 대개 클라이언트가 가지는 현재 삶과 관련된 감정을 촉발시킨다. 이러한 감정은 심상을 불러일으키는데, 이 이미지는 기억(잊혀진 기억일 수도 있다), 감정(무의식적인 감정을 포함하기도 한다)을 이끈다. 처음의 심상에 이어 적절한 심상이 대개 따라 나오며, 몇 차례의 심상 후에는 음악이 새로운 감정을 불러일으키고 이것은 새로운 심상으로 연결되는데, 이러한 순환이 GIM에서의 경험 전체에 걸쳐 계속된다.

GIM에서 음악은 치료사와 클라이언트와의 관계를 촉진하고, 클라이언트가 두 대상(치료사와 음악)과 상호 교류할 수 있는 '음악적 공간'을 제공한다. 이 공간 내에서 음악은 클라이언트의 심상을 유도하고, 심상은 치료사와 경험하는 내면의 문제를 감정적으로나 내용적으로 공유하고 공감할 수 있도록 해준다. 전치된 의식 상태에서의 이러한 교류는 충분히 자극적이지만, 음악적 공간으로 인해 안정적으로 체험할 수 있다.

3) 의식의 전환(altered state of consciousness)

의식의 전환이란 평범한 일상에서의 의식과 다른 상태의 의식적 상황을 말한다. 일상에서의 의식은 지금 여기에서의 매일의 삶이 언어로 간직된다. 이러한 일상에서의 의식은 이완상태나 에너지 소진 상태, 주의 집중 상태에서 의식의 전환이 일어난다. 전환된 의식은 일관성이 없고, 감정 간의 구별이 없으며, 감각이나 상징성 등이 이미지로서 간직된다.

GIM에서는 깨어 있는 상태에서 꿈을 꾸는 것과 같은 전환된 의식 상태에서 음악 감상과 함께 이루어지며, 치료사의 중재로 의식과 무의식을 초월하는 심상을 경험하게 된다. 이때 일반적인 방법으로는 표현하기 힘든 자신의 감정과 문제를 음악을 통해 표현하고, 삶의 문제와 연관된 무의식적인 내적 세계를 의식화하는 작업을 통해 통합에 이르도록 하는 것을 목적으로 하고 있다.

클라이언트가 전환된 의식을 통해 여행을 시작하면, 의식과 무의식의 구별이 없어지고 경험과 감각반응이 강화된다. 전환된 의식 상태에서는 문화화의 벽을 허물어버릴 수 있으며, 어떤 상황에서 다른 상황으로 쉽게 움직여가며, 추상적인 생각에 들어간다.

Hanks(1985)는 GIM을 무의식이 허용하는 상태에서 자아가 붙들고 있는 현실 자체 속에 존재된 무의식과 지속적이고 연속적인 대화를 형성하는 것이라 하였는데, 이때 음악은 자아의 지배를 풀어주며 외부세계의 자극에서부터 내면세계의 자극으로 옮겨가도록 한다고 하였다. 즉, 음악을 통해 의식의 전환이 유발되고 도움을 준다고 볼 수 있다.

4) 음악심리치료(psychotherapy)

GIM은 음악심리치료의 방법 중 하나이다. 음악심리치료란 심리적 문제가 있는 대상에게 음악과 심리학을 이용하여 문제해결을 돕는 치료 방법이다. 음악과 심리학의 전문 지식을 갖춘 치료사가 진행하여야 한다. 치료사는 클라이언트에게 클라이언트의 사고, 감정, 행동, 대인관계 등 자기 자신에 대해 탐색하도록 안내하여 다양한 자신의 문제들을 이해하고 변화하도록 돕는다.

GIM에서의 음악심리치료적 접근방법은 음악과 치료사의 측면으로 나누어 볼 수 있다. GIM을 위해 특별히 프로그램 된 고전음악은 역동적인 내면적 경험을 밖으로 나타내도록 한다. 이러한 내면적 경험은 복잡한 교류에서 나온 경과인데 복잡한 교류는 음악, 감상자의 감정적 상태, 감상자의 인생의 경험들에서 나온 것이다. 감상자의 경험에 있어 음악과 치료사는 함께 일하며 감상자를 지원(supporting)하고, 반영(reflecting)하고, 촉발(facilitating)시킨다. 이때 음악은 지속적으로 무의식과 계속해서 대화(dialogue)하도록 촉발시킨다.

GIM에서 치료사는 감상자와의 활발한 대화를 통해 기반(grounding)을 마련해 준다. 치료사는 감상자가 감각적 이미지, 신체적 흥분, 기억, 생각 속으로 들어가기를 격려하고 초점을 맞추도록 해준다.

5) 음악의 기능

음악은 치료적 사용을 위한 무의식적 자료를 분출하는 자극제로서 작용한다. 무의식적 자료는 클라이언트의 현재와 과거 경험과 연관된 심상, 감정, 사고를 포함한다. 형식, 다이내믹, 음색, 리듬과 같은 음악적 요소는 예측할 수 있는 구조를 제공함으로써 결국 클라이언트에게 안전감을 부여한다. 이러한 예측성과 안전감은 클라이언트로 하여금 적재된 무의식적 자료에 정서적으로 직면하도록 그를 격려한다. 무의식적 갈등에 대한 직면은 정서의 분출을 촉진시키고 심리적인 이해와 이에 수반되는 행동 변화에 기여한다. 또한 음악은 자기표현을 위한 기반을 제공하는데, 이것은 자기를 조직하게 한다(Ruud, 1980). 이러한 측면에서 GIM은 자아 발달에서의 개인의 자각과 음악의 영향력을 강조하는 인본주의적, 초개인적인 이론에 기반을 둔다.

GIM은 마음과 몸이 이완된 상태에서 음악이 불러일으키는 상상을 통해 자신의 내면세계를 탐구하며 자라도록 하는 일련의 과정을 묘사하고 있다. 음악은 멜로디, 음색, 화성, 소리의 세기, 음역, 리듬, 강도 등이 다양하기 때문에 이것이 개인마다의 경험과 상상에 잘 결부된다. 그러면서 음악 자체가 굉장한 힘을 가지고 개인의 상상과 하나가 되는 경험을 하도록 하는데, 이때 사용되는 음악은 주로 기악의 클래식 음악을 사용한다. 사람의 기본욕구인 심미적 욕구의 바탕 위에 진행되는 이 과정에서 카타르시르, 자아성찰, 문제해결 등의 목표를 달성케 한다.

GIM에서의 고전 음악은 클라이언트의 내적 경험에 집중하고 결과적으로 좀 더 이것에 몰입하도록 도움으로써, 치료적 목적을 성취하도록 돕는다. 음악은 경험을 위한 구조와 방향성을 제시하고, 정서적 표현을 촉진시키며, 절정 경험에 기여한다(Bonny & Pahnke, 1972).

GIM에서 음악은 동질성의 원리를 적용한다. 동질의 원리에서 음악은 서서히 시작되다가 빠른 속도로 변화되어 간다. 그리고 절정의 상태를 지난 후 감상의 경험에서 일어난 사건을 중심으로 치료사와 이야기하는 것으로 세션이 끝난다.

음악은 치료사가 클라이언트와 면담을 가진 이후, 클라이언트의 상황과 심리적 문제에 따라 선택한다. 음악은 하나의 자극제가 아닌 다양한 소리 자극의 형태와 패턴으로 구성된 복합체이므로, 치료사는 음악을 구성하는 요소들을 고려하여 선곡한다. 클라이언트는 음악적 요소들에 의해 영향을 받는다. 따라서 음악의 요소가 중요하다. GIM에서 음악은 서서히 절정(peak)을 이루어가야 한다. 또한 안정기(interspersed plateaus)를 가지고 있어야 하며, 안정된 휴식의 자리로 돌아와야 한다. 음악의 진행에 있어 크기, 리듬, 템포에서 급격한 변화가 없어야 하지만, 이미지가 계속 진행될 수 있게 하기 위한 충분한 변화는 있어야 한다.

※ GIM에서의 음악의 역할

무의식의 심층 탐험 (Depth exploration of states of consciousness)

사운드트랙으로서의 음악 (Music as a soundtrack)

투사로서의 음악 (Music as a projective screen)

협동 치료사로서의 음악 (Music as a co-therapist)

영감의 근원 (Source of inspiration)

GIM의 과정

GIM은 일대일로 시행할 때 가장 효과적이지만, 그룹에서도 시행될 수 있다. 모든 경우 준비 과정에서 몸과 마음의 상태를 편안하게 해 주는 연습을 하면서 음악을 들려준다. 이때 클라이언트는 편안하게 눕거나 소파에 편안하게 앉아서 음악을 듣게 된다. 대개 눈은 감도록 하는데, 이는 시각자극에서 피하기 위함이다. 대개 세션은 1시간에서 1시간 30분가량 연속적으로 진행되며, 1회성이 아니라 대개 5번 정도로 연결되는 세션을 치료사와 클라이언트가 동의한 후 시행된다.

GIM 세션 자체는 네 부분으로 나누어지며, 각 부분은 자연스럽게 연결된다. 여기에는 예비 대화, 도입(이완-집중 연습), 음악 감상 세션, 세션 후에 이루어지는 통합 과정이나 리뷰가 포함된다. 음악 세션에 앞서, 전통적인 정신 치료에서의 초기 평가와 비슷한 미래의 클라이언트와의 예비 면담이 실시되는데, 이 예비 면담은 클라이언트의 개인사와 이전의 치료요법 경험, 치료에 대한 현재의 목표와 기대를 망라한다.

덧붙여 GIM 테크닉을 치료법의 한 형태로 사용하는 것에 대해 클라이언트와 논의한다.

1) 예비 대화(Intention)

예비 대화(초기면담; Prelude) 부분은 치료사로 하여금 클라이언트의 현재 감정 상태를 결정할 기회를 제공한다. 이 시간은 보통 대화로 이루어지며 주로 이전 세션에서 일어난 꿈, 만다라, 통찰력, 질문들을 공유하는 시간이다(Ventre, 1994). 또한 GIM 치료사와 클라이언트 사이의 신뢰를 쌓고 유대를 강화시키는 기회를 제공하고, 이러한 대화를 기초하여 치료사는 적절한 음악(다양한 정서적인 특징에 부합하도록 GIM전문가들이 개발한 음악프로그램)과 긴장 이완 방법의 유형을 선택한다.

  * 목적 : 세션에 초점을 두어야 할 클라이언트의 이슈를 언어적으로 규명하는 작업을 중심으로 현재의 어려움이나 본인이 지각하고 있는 육체적, 심리적 혹은 사회적 문제 등을 나눈다.

2) 도입(Induction)

도입 단계(이완과 도입; Relaxation & Induction)의 목적은 몸의 긴장을 풀고 정신을 집중시켜, 의식의 상태와 음악 감상 사이에 중요한 가교 역할을 하는 것이다. 클라이언트를 내적으로 더 집중하게 하고 심상들이 환자의 집중력 중심에 더 완벽하게 들어설 수 있도록 한다.

먼저 GIM세션 중에는 클라이언트가 매트 위에 계속 누워 있기 때문에 긴장 이완 과정이 확장된다. 이때 사용되는 이완 방법은 치료자에 따라 다르게 적용되는데, Jacobsen(1938)의 진행적(progressive) 이완 방법과 Schultz와 Luthe(1969)의 자연발생적(autogenic) 이완법 또는 몇몇 다른 기법들에 의해 이루어진다. 많은 사람들은 음악을 단지 귀로만 듣는데, 도입은 인지적인 마인드의 장벽을 지나 전체의 몸으로 음악을 느끼도록 돕기 위해 주어지며 새로운 의식의 수준으로서 문을 여는 것이다. 감응 부분의 둘째 측면은 정신을 집중시키고, 클라이언트의 상상적 영역을 활성화시키는 것과 관련이 있다. 이는 클라이언트가 출발점으로 삼을 수 있는, 끝이 열린 이미지를 제시하는 것과 같다. 예를 들어, 치료사는 클라이언트가 자연이나 탁 트인 초원 등의 좋아하는 장소의 이미지에 집중하도록 제안할 수도 있다.

* 목적 : 이완에서는 좌뇌의 역할을 최소화하는 과정이 목적인데, 이는 음악 감상에 들어가기 전에 최대한으로 편안한 상태를 갖기 위함이다. 도입에서는 세션에 들어가기 위해 우뇌에 적절한 자극을 제공하는 데 목표를 두고 있다. 즉, 적극적인 음악 감상에 들어가기에 앞서 클라이언트가 음악 감상을 시작하는 출발점을 정립하는 시간이다.

3) 음악 감상(Music & imagery)

이 단계는 사건에 대한 심층적 활동이 일어나는 시기이다. 일반적으로 충분히 긴장이 풀린 상태의 클라이언트는, 음악에 반응하여 유도되는 자신의 인상, 환상, 감정을 언어로 표현하도록 고무된다(Bonny, 1978a). 반대로 치료사는 활발한 청취 기술들을 사용하여 가능한 한 클라이언트와 진정으로 공감함으로써, 클라이언트가 자신의 경험 속으로 좀 더 몰입하도록 도와준다. 이는 클라이언트가 말했던 주요 단어나 어구를 다시 반영하거나 반복하는 것, 또는 클라이언트가 말한 것을 간단히 언어로 확인하는 것을 포함한다.

* 목적 : 보이지 않는 소리의 형태인 음악을 듣고, 이를 통해 울고 웃고, 에너지 고조를 경험하는 것을 목적으로 하는데, 이는 우리의 감정, 즉 무의식에 내재된 에너지를 자극하는 음악의 힘 때문이다. 이러한 목적을 위해 치료사는 클라이언트의 삶과 현재의 기능에 대한 문제와 목표를 중심으로 감상 프로그램을 선곡한다.

4) 세션 후의 통합 과정(Integration)

클라이언트의 이미지를 해석하는 치료사의 능력을 강조하는 몇몇 형태의 치료법과는 달리, GIM은 클라이언트가 자신들의 연상과 개인적 연관성을 만드는 데 의존한다. 이렇게 책임을 전환하는 것은, 클라이언트들이 그들 스스로 자아 치료를 할 수 있도록 하는 것이다. Helen Bonny는 '언어적 통합 동안에 경험자는, 그러한 경험의 요소(육체적인 반응, 심상, 상징, 감정)들을 편하고 자연스럽게 느낄 수 있으며, 상술하는 것(elaboration)을 통해 다음 세션 때까지 편안히 기다릴 수 있게 된다고 설명한다(Bonny, 1978a). 또한 클라이언트가 오일 파스텔을 사용하여 만다라(mandala)의 형태로 그들의 경험을 그려서 표현하게 함으로써, GIM 세션의 심화된 통합이 얻어지게 할 수 있다. Jung은 만다라(mandala)는 자아의 상태를 나타내고 그 지속적인 변화를 반영한 암호라고 생각했다. Samuels와 Samuels(1975)는 만다라와 같은 비언어적 표현 형태는 종종 과정 중에 일어나는 말로 표현할 수 없는 특징들을 통합시키는 방법으로서 적절하다고 주장하였다.

* 목적 : 프로세스 혹은 마무리(postlude) 시간으로, 클라이언트는 감상을 마치고 자신이 경험했던 전체 시간에 대한 느낌과 감정을 치료사와 나눈다. 이 과정의 목적은 경험한 무의식적인 자료들(느낌과 감정)을 의식화하는 것이다. 치료사는 무의식적 자료들을 비언어적인 매개체를 통해 표현되도록 유도하는데, 그림 작업이나 시 쓰기 혹은 동작 등을 이용하기도 한다.

대개 첫 세션은 클라이언트와 치료사가 익숙해지는 경험을 하면서, 음악의 자극에 따라 가벼운 상상의 여행을 해가는 경험을 한다. 이때 치료사는 클라이언트와의 신뢰감을 형성시키는 일이 가장 중요하며, 클라이언트 역시 자신의 내면의 깊은 세계를 열어 치료사와 함께 경험하는 것을 허용하는 것이 중요하다. 5회의 세션이 끝나면 치료사는 클라이언트에 대한 GIM의 효과를 평가하여 다음의 결정, 즉 계속할 것인지 그러면 몇 회나 더 예상할 것인지 아니면 중단할 것인지를 결정하게 된다.

GIM의 단계

Summer는 Wheeler(1983)가 주창한 심리치료 및 음악치료의 3단계 이론을 GIM/MI치료에 적용했다. 이 3단계는 지지적 음악과 심상(Supportive Music and Imagery), 재교육적 음악과 심상(Re-educative Music and Imagery), 재구성적 음악과 심상(Reconstructive Music and Imagery, GIM이 이 단계에 속함)으로 나뉜다. 지지적 음악과 심상 치료(Supportive Music and Imagery)는 클라이언트의 지지적 자원에 초점을 맞추어 치료한다. 감추어졌던 자기 안의 내적 자원을 찾아내고 개발하여, 좀 더 자아를 튼튼하게 해 주는 데에 목적이 있다. 재교육적 음악과 심상치료(Re-educative Music and Imagery)는 클라이언트가 현재 경험하는 이슈, 심리적 갈등, 스트레스에 초점을 맞추어 이해함으로 치료적 통찰을 유도한다. 재구성적 음악과 심상치료, 즉 GIM(Reconstructive Music and Imagery/GIM)은 클라이언트가 늘

갖고 있는 문제적 성향이나 이슈, 반복적으로 되풀이하는 실수나 증상 등의 근본적 원인을 찾아내고 치료적 통합을 통해 심리적 조정을 유도하는 데에 치료의 목적을 둔다.

1) 지지적 수준

음악을 지지적인 수준으로 사용하는 단계이다. 환경에서의 지지적 자원을 규명하고 클라이언트가 가지고 있는 장점을 확인하는 데 초점을 둔다. 지지적 수준은 지원적이고 활동적인 단계로, 음악적 경험 자체가 클라이언트의 변화를 이끌어 내는 핵심 요인이며 음악적 과정 자체가 바람직한 치료의 결과물로 보았다. 따라서 언어적인 의사소통과 정보다는 음악을 통한 비언어적인 교류 경험 자체에 의미를 둔다.

지지적 수준은 클라이언트 내부의 심리 상태나 개인의 통찰력 등에 주안점을 두기보다는, 치료 활동에 참여하는 그 자체를 통해 치료 목적을 달성하고자 하는 것이다. 또한 치료하는 현장에서 바로 그 시간에(here-and-now) 바람직한 행동을 표출하는 경험을 갖도록 하는 데에 초점을 둔다. 지지적 수준의 행동 목표로는 행동 조절, 사회성 훈련, 현실 인식, 타인과의 관계 증진, 집중력 향상, 지속력 증가, 취미 활동 습득 등을 들 수 있다.

2) 재교육적 수준

재교육 및 내면적 과정에 입각한 단계로, GIM을 통해 느낀 생각이나 감정을 치료사와 클라이언트가 대화를 통해 재정립하고 클라이언트 자신의 상태와 행동의 문제점들을 고쳐갈 수 있도록 하는 것이다. 즉, 음악적 경험과 더불어 언어적 교류과정을 강조하고 치료과정에 통합하는 것이다. 치료적인 변화는 현재 사건에 대한 언어적 또는 음악적인 경험을 통해 재경험하면서 새로운 내적 통찰을 얻는다. 이러한 관점에서 자신의 느낌을 구체적으로 구명하고, 창조적인 문제해결의 방법을 발견하며, 자신의 행동 변화를 위한 동기를 유발시키도록 한다. 재교육적 수준에서는 현재를 강조하는 지금-여기에 초점을 둔다.

3) 재구성적 수준

재조직, 카타르시스적인 단계로, 클라이언트의 잠재의식이나 무의식 세계에서 해결되지 못한 정신적, 감정적인 문제들을 클라이언트가 음악을 통해 카타르시스의 경험을 함으로써 스스로 이것을 분출시켜 해결하도록 하는 방법이다.

재교육적 수준과 마찬가지로 음악적 경험과 더불어 언어적 교류과정을 강조하고 치료 과정에 통합하려는 특징을 지닌다. 즉 치료적인 변화는 과거 사건에 대한 언어적 또는 음악적인 경험을 통해 재반영되고 재체험하면서 새로운 내적 통찰을 얻는데서 올 수 있음을 강조한다. 재조직적 수준은 현재보다는 과거에 더 초점을 둠으로써 카타르시스적인 경험을 통한 근원적인 변화를 추구한다.

특별히 이 단계에서의 음악치료는 대상 환자를 잘 선별하는 것이 중요하다. 신경증이나 신체통증을 호소하는 환자, 또는 오랫동안 불면증으로 괴로움을 겪어 온 환자들에게 효과적으로 사용될 수 있다.

임상적 적용

정신치료방법으로서의 GIM의 효율성은, 과정 자체의 본질에 내재하는 다양한 요인들 때문이라고 할 수 있다. 음악은 감정, 기억과 연관되는 뇌의 부분과 공명(resonate)하는 비언어적 매개체이다(Radocy & Boyle, 1999). 해소되지 않는 분노, 두려움, 슬픔의 감정은 기본적으로 지능적이고 언어적인 형태의 치료법에서는 흔하지 않은 유동성과 함께 나타난다. 음악은 클라이언트로부터 더 큰 정서적인 반응을 불러일으키거나 격려하여(Radocy & Boyle, 1999) 심상유도 과정에서 얻어진 깊은 긴장 이완 상태와 결합하여, 클라이언트들이 이성적이고 일차원적인 형태의 사고에서 벗어나 더 미묘하고 직감적인 수준으로 이동하도록 도와준다. GIM은 비분석적이고 비판단적인 방식으로 음악이 의식에 들어가도록 허용함으로써, 클라이언트들은 이전에 접근 불가능했던 정신 영역으로 접근할 수 있다. 따라서 다양한 임상 현장뿐 아니라 일반인들도 GIM을 통해 자신의 감정적 요소들을 깊이 경험하고 자신의 문제 요소에 대해 내관을 갖게 될 뿐 아니라 영적인 성장, 향상된 긴장 이완 상태, 자신이 이전에 알지 못했던 자신의 모습을 발견한다. 특히 Maack(1999)의 연구에서는 GIM은 자존감을 향상시키고 자기를 이해하는 데 도움을 주었으며 치료가 종료된 후에도 지속적으로 유지되고 정신적이고 전인격(transpersonal)적인 부분의 향상을 볼 수 있었다고 한다.

임상에서 Hale(1992)은 유방절제를 한 여성이 암 재발 공포를 대처하는 데 GIM 방법을 적용하였고, Bruscia(1991)는 에이즈에 감염된 환자치료에 효과가 있음을 밝혔다. 그밖에 다양한 대상들을 중심으로

GIM의 효율성이 연구되고 있는데, Summer(1981)는 약물 남용자를 대상으로, Standley(1992)는 화학요법에 나타나는 구역질을 치료하는데, Curtis(1986)는 통증 말기 환자, Goldberg(1988)는 뇌 손상 환자를 치료하는 등 광범위한 치료대상에게 시행되어져 왔다.

GIM의 임상치료의 영역으로는 불안, 우울 등 신경증, 정신과적 질환(일부 제외), 상호관련 문제에 있어서 개인의 강점을 키우고, 소통의 활성을 위한 상호 관계적 치료, 호스피스 병동, 노인, 교도소 등 다양하다. 또한, 자아실현, 영감 및 영성 발달, 창의성 촉발 등 일반 영역에서도 적용 가능하다.

GIM을 사용하기 위해서는 클라이언트는 반드시 상징적인 생각을 할 수 있어야 하며, 상징적인 생각과 현실의 차이를 구분할 수 있어야 한다. 또한 클라이언트 자신의 경험을 치료사에게 알릴 수 있어야 하고, GIM치료를 통해 그 결과가 긍정적인 발달로 귀결되는 것을 보여야 한다. 따라서 자아가 약한 사람, 신경적 손상 클라이언트에게는 GIM의 효과가 적다. 또한 조현증 등 현실과 망상을 구분하지 못하는 등 현실감각이 저하된 사람에게는 사용하면 안 된다.

GIM은 훈련된 치료사들이 음악 감상을 통해 인간의 내면세계를 탐색한다. 음악은 개인에게 깊은 영향을 미칠 수 있는 가능성이 있기 때문에, GIM을 훈련받지 않은 치료사가 시행할 경우 악영향을 미칠 수 있다.

GIM에 사용하는 음악은 프로그램화 된 클래식 음악을 사용하여 절정의 경험을 하도록 유도한다. 대개의 클래식 음악은 음악의 폭이나 깊이에 있어 획일적이며 제한적이지 않기 때문에 상상도 어떤 획일적인 경계나 구성을 형성시키지 않으며 심상이 일어난다. 즉, 사람들에게 외부세계에 대해 열려 있는 공간을 제공한다(최병철, 2006). 하지만 널리 알려진 클래식 음악을 사용할 경우 클라이언트가 내부의 경험에서 유도되는 이미지를 갖게 되기보다는 고정된 이미지에서 벗어나지 못할 수 있기 때문에 익숙한 음악을 피하여야, 클라이언트의 내부 세계를 자유롭게 유도할 수 있다.

2. 음악과 심상 (Music and Imagery)

GIM과 MI

MI란 Music and Imagery의 약자로 GIM(Guided Imagery and Music)을 현실에 맞게 축약적으로 접목시킨 방법이다. MI는 음악이 주 치료적 역할을 하는 심리치료, 즉 음악심리치료이다. MI와 GIM에서는 음악으로 인해 깊이 느껴진 심상을 통해 통찰한다. 심상은 자신의 반영이다. 자신의 감정, 심리적, 신체적, 영혼적 상태를 반영한다. 음악은 MI/GIM 치료의 모든 과정을 움직이고 통합하여 완성시키는 가장 중요한 치료 매체이다.

MI는 치료 목표에 적합한 음악 감상을 통해 다양한 심상을 경험함으로써 인간의 내면세계를 탐색, 직면, 통찰, 해결하게 한다. MI는 재교육적(re-educative)이고 교수학적[9]인 음악심상 기법이다. 그룹 치료의 MI는 집단 역동을 활용한 프로세스를 유도하는 데 초점을 두고, 개인치료의 MI는 현실에 초점을 두고 무의식으로 깊게 들어가지 않는다(Summer, 2002).

GIM이 음악을 치료적 매개체로 한 치료기법임에도 불구하고 전문적인 훈련을 요하기 때문에, 실제 임상현장에서는 효율적으로 활용하

---

9 교수학적(pedagogical)이란 구조화된 음악과 언어적 지시를 중심으로 전개되는 치료 접근을 의미한다(정현주, 2005).

기 어렵다. 이에 Summer는 심상유도와 관련된 음악활용을 크게 심층적 수준과 단편적 수준으로 나누었다. 심층적 수준은 GIM과정을 중심으로 하며, 단편적 수준은 음악의 요소적 특성과 전개가 높은 구조를 가지고 있는 곡을 사용하며 감상 시간은 5~10분 정도, 전체 활동 시간은 30~40분 정도로 구성된다. 이러한 단편 수준의 음악심상활동을 MI라고 하며 GIM에 필요한 전문적인 훈련을 마칠 때까지 실제 임상 영역에서 사용할 수 있도록 고안된 기법이다(정현주, 2005).

음악심리치료의 한 기법인 GIM(Guided Imagery and Music)은 주로 성인을 대상으로 하여 스트레스, 불안 및 우울 감소에 영향을 주었다(Hanser, 1994; Hammer, 1996; William & Dorow, 1983; 오정숙, 2002). GIM을 이용한 청소년을 위한 프로그램들에서도 연구 결과, 긍정적 기분과 자존감이 향상과 분노조절, 스트레스, 우울, 불안의 감소가 나타났다(Grindel, 1989; Roy, 1997). 그러나 GIM은 곡의 종류가 모두 클래식이고 음악 감상 시간도 30분 이상 길게 무의식에 깊게 작용하므로, 클라이언트의 이슈를 탐색하거나 직면할 때 클라이언트에 따라 어려울 수 있다. 그러나 MI는 클라이언트에 따라 여러 장르의 선곡과 감상 시간의 조절, 템포, 멜로디, 화성의 전개가 규칙적이고 반복적인 멜로디로 구조화된 곡을 사용하기 때문에 의식 수준에서의 이슈 탐색이 용이하고 효과적이다(Summer, 1998).

GIM은 치료에 효과적이지만 기간에 있어 많은 회기 수를 필요로 한다. 그러나 MI는 짧은 회기 동안 클라이언트의 부정적 정서를 긍정적으로 바꾸고, 지지적인 내적인 힘을 키우는 데 큰 역할을 한다.

GIM과 MI 치료사 훈련을 위한 음악-중심의 4가지 원리는 다음과 같다(Summer, 2012).

첫째, 음악치료사가 가지는 음악과의 관계는 MI/GIM에서 그 무엇보다 중요하다.

둘째, MI/GIM 치료는 음악-중심적이어야만 한다. : 심상경험이 아닌 음악 경험이 치료과정에서 주요한 초점이다.

셋째, 초기 단계에서 클라이언트가 GIM/MI에 적합하지 않을 경우에는 음악 선택이 매우 조심스럽게 고려되어야 한다.
- 음악은 긴장감이 적고, 전개 부분이 적어야 하며 반복적이어야 한다.
- 음악이 치료에서 중심적인 조정자(Mover)가 되어야 한다.
- 음악 경험은 클라이언트로 하여금 자신의 일상에서 음악을 자원으로 활용할 수 있도록, 각 세션마다 음악과 긍정적인 관계를 발전시키는 방향으로 이끌어져야 한다.

넷째, MI는 GIM 과정을 보다 신중하게 고려한 것이다. GIM 세션은 모든 단계(지지적, 재교육적, 재구성적)의 음악들이 포함되어 지나, MI 세션에서는 대개 한 번에 하나 혹은 두 개의 수준에서만 음악을 사용한다. 그러므로 하나의 GIM 세션을 완성하기 위해서는 보다 많은 MI 세션이 필요하며, MI는 보다 점진적이고 단계적인 과정을 제공한다.

MI의 단계

MI의 단계는 GIM과 동일한 단계를 가진다. 각각의 단계를 살펴보면 다음과 같다.

1) 첫 번째 단계 : 초기면담(Prelude)

MI의 첫 번째 단계는 초기면담과 같이 구체적인 목표를 정한다. 이 과정에서 치료사는 현재 클라이언트가 어디까지 와 있는지를 파악하고, 클라이언트의 각기 다른 정서와 감정 상태를 치료 안에서 치료사와 동질감을 형성할 수 있도록 하나의 공통 주제로 이끌어 가야 한다.

클라이언트로 하여금 자신들이 가지고 있는 지지적인 자원과 이를 주고받을 수 있는 수용 능력, 자신 혹은 타인에 대한 긍정적인 면모를 가지고 새로운 경험에 대한 열린 마음을 갖는다(Summer, 1992). GIM이 개인에 초점을 맞추고 무의식으로 깊게 들어가 클라이언트의 문제를 탐색하고 있다면, MI 세션의 경우에도 충분히 클라이언트에게 초점을 맞추어 의식 상태에서 긍정적인 자원을 이끌어 내어 내적인 힘을 키울 수 있다. 그렇지만 인지나 사회적 기능이 너무 낮고, 병동 생활을 오래 한 클라이언트의 경우는 세션이 어려울 수 있다.

2) 두 번째 단계 : 전환(Transition)

두 번째 단계에서는 여러 가지 클라이언트의 이야기 중에서 가장 표현하고 싶은 주제를 구체적으로 설정하고, 주제에 따른 긍정적인 기능들에 대해 좀 더 깊게 탐색하고 파악하여 심상이 잘 떠오를 수 있도록 유도한다.

3) 세 번째 단계 : 긴장완화 및 음악 감상(Music Listening)

세 번째 단계에서는 긴장-이완에 필요한 여러 가지 기법으로 Jacobsen(1938)의 진행적(progressive) 이완 방법과 Schultz & Luthe(1969)의 자연발생적(autogenic) 이완법 등을 사용하여, 음악 감상하는 동안 심상이 잘 떠오를 수 있도록 이완시킨다. 그리고 5~10분 정도 음악을 듣는 동안 음악이 가져다주는 여러 가지 심상들을 탐색하고 연상할 수 있도록 한다.

음악은 클라이언트가 선호하는 음악과 치료사가 선정한 음악 중에서 음의 전개가 단순하고, 멜로디가 반복적이며, 리듬이 규칙적이며, 협화음으로 구성된 안정적이고 구조화된 음악을 사용한다. 음악 감상 동안 대화가 이루어지지 않고, 음악 감상이 끝난 후 언어적 프로세스 시간을 갖는다. 세션의 목적을 구체적으로 설정하고 들어가기 때문에 음악적 전개가 단순한 곡을 반복해서 듣는 등, 극히 구조화된 음악을 사용하는 것이 바람직하다.

4) 마지막 단계 : 마무리(Process)

마지막 단계인 프로세스, 혹은 마무리 시간에서는 음악 감상 동안 경험된 심상을 그림으로 표현하고, 프로세스 시간에는 그 개인적 경험을 치료사와 공유함으로써 긍정적인 경험이 확장된다. 여기서 프로세스란, 감상 이후 나눈 심상에 대해 개인적으로 어떤 의미가 있는지 혹은 현재 현실에서 벌어지고 있는 문제와는 어떠한 관련이 있는지를 대화로 나눈 후, 그 심상에 대한 지지와 공감을 이끌어 냄으로써 클라이언트의 긍정적인 에너지를 극대화시킨다(Summer, 2002; 정현주, 2005). 또한 표현된 이미지를 일상생활에서 어떻게 이용할 것인지에 대해 의논하여 정한다.

MI의 치료 수준

 개인 세션과 MI 그룹 세션은 GIM과 마찬가지로 공통적으로 세 가지 수준으로 적용할 수 있다. Wheeler(1983)가 제안한 심리치료 단계의 기본 개념을 도입하여, 지지적 수준, 재교육적 수준, 재구성적 수준에서 나누어진다. 이는 클라이언트의 문제, 치료 목표, 심상 체험의 적합성, 능력에 따라 결정되며, 이와 함께 음악 혹은 프로그램의 선곡, 치료사의 역할 등이 결정된다. GIM이 세 가지 단계를 모두 다룬다면, MI는 클라이언트에 따라 세 단계를 모두 접근할 수도 있고, 한두 단계만 적용할 수도 있다. 치료사는 클라이언트의 자신에 대한 이해, 자아의 건강 상태, 심리적 통찰의 깊이에 비례하여 단계를 적용하여 치료의 방향, 강도를 조절할 수 있다. 클라이언트가 자신을 탐구하고 이해할 수 있도록 클라이언트의 속도에 맞추어 치료가 이루어지며, MI 치료의 구조, 초점, 음악 선택은 점진적으로 발전하는 클라이언트의 감정적, 심리적 건강을 도모하기 위해 이루어진다.

1) 지지적인 수준의 MI

 지지적인 수준에서 MI는 안전하게 서로 지지하는 수준에서만 사용한다. MI는 치료 안에서의 서로 지지하고 클라이언트가 가지고 있는 장점을 확인하는 데 초점을 둔다. 그러므로 이 단계에선 치료사와의 신뢰감이 무엇보다도 중요하며 이러한 신뢰감 위에 치료사와 클라이언트 간에 긍정적으로 상호작용하고 교류하도록 유도한다. 이 과정에서 음악과 심상의 경험은 긍정적인 자원을 유도하는 데 사용되며, 이미지들에 대한 느낌과 반영들을 나누고 공감하는 기회를 갖는다.

지지적인 수준에서의 개인세션 도입은 특정 느낌이나 주제, 단어 혹은 시각적 이미지를 연상하고, 이러한 이미지는 갈등적인 내용이 아닌 긍정적인 경험을 유도하기 위해 제공된다. 이러한 정적 이미지는 안정감과 자긍심을 고양시켜 준다. 그러나 세션 중 불안이나 감정적 불안정감을 보이는 클라이언트가 있는 경우 치료사는 예리함과 순발력으로 이러한 감정적 문제에 대해 예민하게 반응해야 한다(Summer, 2002; 정현주, 2005). 이 단계에서의 음악은 안정적인 음악으로 곡의 전개가 단순하고, 주제 멜로디가 반복적이며, 리듬 패턴이 규칙적이고, 음의 고저가 적고, 협화음의 구조화된 음악으로 감상 시간은 5분 정도이다.

2) 재교육적 수준의 MI

재교육적 수준의 MI 세션 목표는 변화를 도모하는 데 초점을 두고 내적 작업에 들어가는 단계이기 때문에 치료사와의 역동성과 신뢰가 바탕이 된 이후에 가능하다. 이 과정에서 클라이언트는 치료사와 약간은 독립된 태도를 보이기도 하고, 지지적인 수준보다는 장기간의 치료 목표를 두고 진행한다.

목표는 자기 인식과 자기 이해이며, 치료사는 클라이언트가 건강하지 못한 상호 교류 패턴이나 현재 삶의 기능을 방해하는 문제들에 대한 이해를 높인다. 여기서 중요한 것은 서로가 어떻게 서로를 보느냐 하는 시각을 얻는 것이다. 그러므로 치료 안에서의 자발적인 참여와 나눔, 그리고 서로에 대한 이해가 기본적으로 필요하다. 치료 내에서의 지지적인 자원이 충분히 탐색되면 개인적 문제나 갈등 등을 다룰 수 있다. 그러므로 이 단계에서의 도입은 개인적인 문제, 기분, 특정 관계의 어려움 혹은 현재 대면하고 있는 문제로 시작한다.

이 단계에서의 음악은 지지적인 수준에서와 같이 기본적으로 심미적이고 안정적 기능을 가진 음악을 사용하지만, 필요에 따라 음악의 전개가 있는 곡들을 선택한다. 음악 감상 시간은 5~10분 정도로 한다.

재교육적 수준에서는 언어적 교류가 많이 일어날 수 있는데, 특정 심리적 문제에 대한 해결 중심의 언어적 과정 아닌, 문제에 대해 보다 깊이 있는 이해, 그리고 전체적인 시각을 볼 수 있는 통찰력을 기르기 위한 언어적 과정이다. 이 단계의 과정에서는 클라이언트의 이미지를 지지하기보다는 각기 개인적인 시각을 표현하도록 격려한다. 즉, 본인의 이미지가 본인에게는 어떠한 의미로 다가오는지 등에 대하여 나눈다. 여기서 클라이언트들은 상호 교류적인 과정들을 통해 어떻게 본인들의 내재된 갈등이나 문제들이 이미지를 통해 표상될 수 있는지에 대한 통찰력을 얻고 관계적 문제를 탐색하고 이해할 수 있도록 유도한다. 치료사는 이 과정에서 서로의 이야기를 감정적으로 이해하고 이입할 수 있도록 격려하고 지지적인 이미지와 대면적인 이미지 모두를 다루도록 하며, 서로의 이미지에 정서적으로 공감하도록 한다(Summer, 2002).

3) 재구성적 수준의 MI

재구성적 수준의 MI 세션은 자아의 재구성을 목적으로 개인적인, 혹은 초개인적인 변화를 목표로 한다. 이는 지속적이고 신중한 구성원들로 이루어진 그룹일 경우, 장기간의 깊이 있는 세션 전개를 필요로 하며, 개인적인, 존재론적인 또는 영적인 문제를 가지고 있는 심오하고 복잡한 경우에 적합하다. 이 수준에서 도입은 재교육적 수준에서보다 더 깊은 이완을 유도하여, 의식의 안정과 심층적인 탐색을 허용할 수 있는 의식 상태로 유도한다(Summer, 2002).

음악의 사용은 자극적인 고전음악으로 각각 10분 이상의 길이와 그 음악적 기능의 특성이 더욱 복합적이고 화성의 발전을 가진 곡들로 선택한다. 고전음악 장르의 특정 악장들로 구성된다.

재교육적인 수준에서와 같이 재구성적인 수준에서도 적극적인 언어적 과정에 참여할 수 있도록 유도하며, 클라이언트의 경험에 대한 지지는 물론 특정 심리적인 문제에 대한 적극적인 대면과 깊이 있는 통찰을 나누도록 한다.

표 2-1 GIM / MI 치료의 구조 (백수미, 2012)

	지지적 수준 (Supportive GIM/MI)	재교육적 수준 (Re-educative GIM/MI)	재구성적 수준 (Reconstructive GIM/MI)
초기면담 (Prelude)	지지적 경험 지금-여기	갈등, 문제 지금-여기	반복되는 갈등, 이슈 과거에 연관
전환 (Transition)	하나의 지지적 이미지 선택	하나의 갈등적 이미지 선택	전환이나 특별히 선택한 이미지가 없을 수도 있음
도입 (Induction)	선택된 지지적 이미지에 초점 지지적 도입	선택된 갈등에 초점 갈등의 분위기 반영	다음 단계인 깊은 의식 상태(altered states of consciousness)에서 음악을 들을 수 있도록 심신의 상태를 준비
음악 감상 (Music & Imagery)	-음악 한 곡을 반복적으로 사용 -모든 음악적 요소가 단순함 -음악에서의 긴박감이 거의 없음 -음악을 들으며 지지적 이미지 표현하기	-음악 한 곡을 반복적으로 사용 -음악에서 긴박감이 내재되어 있고 음악적 요소의 구성이 조금 복잡 -음악을 들으며 갈등적 이미지 표현하기	-한 곡 이상의 여러 곡 사용 -여러 level의 곡을 사용 -대부분 복잡하고 자극적인 곡 사용 -깊은 의식 상태에서 음악을 들으며 인식되는 이미지에 대해 치료사와 대화함
마무리 (Postlude)	음악을 들으며 표현된 이미지를 통해 지지적 자원을 재확인하고 느껴보며 완전히 자기 것으로 소화하기	음악을 들으며 표현된 이미지를 통해 갈등적 요소, 이슈를 깊게 반영하고 통찰하기	보통 의식 상태로 돌아와 음악과 이미지를 통해 경험한 내용을 융합하고 통찰하기

그러나 음악과 심상의 치료 전개가 명확히 이러한 세 단계로 나누어지지 않는 경우도 있다. 또한 모든 세션 구성원들이 이러한 단계로 발전되지 않고, 어떤 클라이언트는 평생 지지적인 수준에서 벗어나지 못하는 경우도 있다. 그러므로 치료사는 클라이언트에게 알맞은 세션을 진행하되, 클라이언트의 수준과 단계를 고려하여 순발력과 융통성 있게 치료에 개입하여야 한다. 또한 음악도 클라이언트가 선호하는 음악을 폭넓게 고려하여 다양하게 제공하여야 한다.

MI의 이슈 및 장점

MI의 치료에서 나타나는 이슈들은 여러 가지가 있다. 그중 일반적으로 나타나는 상황은 다음과 같다.

상황 1) 자기를 인식하고 자기의 문제, 이슈를 알아가는 과정에 대한 불안감이 나타난다. 치료사는 이런 불안감에 대해 인정, 지지해 줄 필요가 있다. 불안감으로 인해 클라이언트는 치료에 대한 저항이 올 수도 있다.

상황 2) 남과 자기의 경계선이 모호해서 자신에게 초점을 맞추기 힘들 수 있다.

상황 3) 억눌려 온 감정과 생각들로 봇물 터지듯 주체하지 못하는 경우가 있다. 이때 이를 받아주고 지켜줄 안전한 치료적인 울타리가 필요하다.

상황 4) 자신 안에 있는 지지적 자원을 발견하는 데 어려움이 있을 수 있다.

MI는 클라이언트가 자신에 대한 이해, 자아의 건강 상태, 심리적 통찰의 깊이에 비례하여 치료의 방향, 강도를 조절하기에 좀 더 쉽고 안전하게 클라이언트를 치료할 수 있다. Goldberg(1994)는 스스로 자기 방비 능력이 준비되지 않은 클라이언트를 위한 안전하고 효과적인 치료를 위해 '중간 대상'으로 음악을 이용(music as a transitional object)함으로써, 클라이언트를 방어적으로 보호(the defensive maneuver)할 필요가 있다고 역설했다.

치료사를 위한 MI 훈련은 지지적 음악과 심상치료로 클라이언트의 자아 강화를 한 후, 점진적으로 클라이언트의 자기 방어 능력과 이슈, 문제의 어려움에 맞추어 치료의 강도를 조절하도록 훈련한다. 이런 클라이언트의 눈에 맞추어진 MI 치료는 클라이언트 스스로 자신의 이슈, 문제를 이해하고 좀 더 쉽고 용이하게 자기를 탐구하고 성찰할 수 있도록 도움을 준다.

MI의 장점은 다음과 같다.

첫째, 짜여진 구조 안에서 초점에 맞추어 치료하는 MI는 안전한 울타리를 제공한다.
둘째, MI 제공에 여러 단계의 유연성이 있으므로 클라이언트의 필요, 욕구에 부응할 수 있다.
셋째, 단기 치료가 가능하며, 이로 인해 치료의 비용이 절감될 수 있다.
넷째, 음악 중심의 MI는 음악을 좋아하고 음악에 대한 감수성이 좋은 한국인에게 좋은 치료의 매체이다.

참고 문헌

백수미(2012). GIM and MI training in Korea : Cultural and clinical aspects. 예술교육치료연구소 창립 3주년 기념 국제학술대회 자료집 (pp. 17-28). 이화여자대학교 교육대학원 예술교육치료연구소.

오정숙(2002). 심상유도음악 프로그램이 중년주부의 우울감 감소에 미치는 영향. 이화교육논총, 12, 503-518.

정현주(2005). 음악치료학의 이해와 적용. 서울: 이화여자대학교 출판부.

최범식 (1999). 심상 치료. 서울: 하나의학사.

Achterberg, I. (1985). *Imagery in healing: Shamanism and modern medicine*. Boston and London: New Science Library

Achterberg, I., & Lawlis, G. (1978). *Imagery of cancer*. IL: Institute For Personality and Ability Testing.

Berry, W. (1976). *Structural functions in Music*. NJ: Prentice-Hall.

Bock, L. (1975). Musiktherapie und zeiterleben in der Depression. In G. Harrer (Ed.), *Grundlagen der Musiktherapie und Musikpsychologie*(pp. 231-236). Stuttgart: Gustav Fischer Verlag.

Bonny, H. L. (1972). Preferred records for use in LSD therapy. Unpublished report. Maryland Psychiatric Research Center, MD.

Bonny, H. L. (1978a). *Facilitating GIM sessions*. MD: ICM Books.

Bonny, H. L. (1978b). *The role of taped music programs in the GIM process*. MD: ICM Press.

Bonny, H. L. & Pahnke, W. N. (1972). The use of music in psychedelic(LSD) psychotherapy. *Journal of Music Therapy, 9*, 64-87.

Bonny, H. L., & Savary, L. M. (1973). *Music and your mind : Listening with a new consciousness*. WA: Institute for consciousness and Music.

Bruscia, K. (1991). Embracing life with AIDS: Psychotherapy through Guided Imagery and Music (GIM). In K,.Bruscia (Ed.), *Case studies in music therapy*(pp. 581-602). PA: Barcelona Publishers.

Carol, B., & Jim, B. (2001). GIM Level Ⅲ Advance Clinical GIM Training, Mid-Atlantic Institute.

Critchley, M., & Henderson, R. A. (1985). Music and the brain : Studies in the neuriligy of music. In S. Halpern & Savary (Eds.), *Sound health*. NY: Harper & Row.

Curtis, S. (1986). The effectof music on pain relief and relaxation of the terminally ill. *Journal of Music Therapy, 13*(1), 10-23.

Goldberg, F. (1988). Music and Imagery as Psychotherapy with a Brain Damaged Patient: *A Case Study in Music Therapy Perspectives, 5*, 41.

Goldberg, F. (1994). The Bonny Method of Guided Imagery and Music as individual and group treatment in a short-term acute psychiatric hospital. *Journal of the Association for Music and Imagery, 3*, 18-35.

Grindel, S. (1989). Imaging with Music : An Exploration in Creativity for Selected Second Grade Students. *Southeastern Journal of Music Education, 1*, 151-159.

Hammer, S. E. (1996). The effects of guided imagery through music on state and trait anxiety. *Journal of Music Therapy, 33*(1), 47-70

Hanser, S. B. (1994). Effects of a music therapy strategy on depressed older adults. *Journal of Gerontology, 49*, 265-269.

Jarvis, J. (1988). Guided imagery and music(GIM) as a primary psychotherapeutic approach. *Music Therapy Perspectives, 5*, 69-72.

Jacobson, E. (1938). Progressive relaxation. Chicago : University of Chicago Press.

Leuner, H. (1974). Die Bedeutung der Musik in imaginativen Techniken der Psychotherapie. In W. J. Revers, G. Harrer, & W. C. M. Simon (Eds.), *Neue Wege der Musiktherapie* (pp. 179-200). Düsseldorf: Econ.

Maack, C., & Nolan, P. (1999). The effects of guided imagery and music therapy on reported change in normal adults. *Journal of Music Therapy, 36*(1), 39-55.

McKinney, C. H. (1990). The effect of music on imagery. *Journal of music therapy, 27*(1), 34-46.

Nerenz, K. (1969). Das musikalische symboldrama als hilfsmethode in der psychotherapie. *Zeitschrift für Psychotherapie und Medizinsche Psychologie, 19*, 28-33.

Osborne, J. (1989). A phenomenological investigation of the musical representation of extra-musical ideas. *Journal of Phenomenological Psychology, 20*, 151-175.

Quittner, A. L. (1980). The facilitative effects of music on visual imagery: A multiple measures approach. Unpublished master's thesis, Florida State University, Tallahassee.

Quittner, A., & Gluckauf, R. (1983). The facilitative effects of music on visual imagery: A multiple measures approach. *Journal of Mental Imagery, 7*, 105-119.

Radocy, R. E. & Boyle, J. D. (1999). *Psychological foundations of musical behavior*. IL: Charles, C. Tomas.

Roy, M. (1997). Guided Imagery and Music Group Experiences with Adolescent Girls in a High School Settng. *Journal of the Association for Music and Imagery, 5*, 61-74.

Ruud, E. (1980). *Music therapy and its relationship to current treatment theories*. MO: Magna Music Baton.

Samuels, M., & Samuels, N. (1975). *Seeing with the mind's eyes. The history, techniques and uses of visualization*. NY: Random House.

Schultz, J. H., & Luthe, W. (1969). *Autogenic therapy : Autogenic methods*. NY : Grune & Stratton.

Singer, J. L., & Pope, K. S. (1978). *The power of the human imagination*. NY : Plenum Press.

Standley, J. (1992). Clinical applications of music and chemotherapy: The effects on nausea and emesis. *Music Therapy Perspectives, 10,* 27-35.

Stephens, E. H. (1974). The Effect of Music and Relaxation on the Anxiety Level of Alcoholics: A Pilit Study. Unpublished master's thesis, Florida State University.

Summer, L. (1981). Guided Imagery and Music with the elderly. *Journal of the American Association for Music Therapy, 1*, 39-42.

Summer, L. (1992). Tuning up in the Classroom With Music and Relaxation. *Journal of the Society for Accelerative Learning and Teaching, 6*(1), 46-50.

Summer, L. (1998). The pure music countertransference in guided imagery and music. In Kenneth E. Bruscia (Ed.), *The dynamics of music psychotherapy*(pp. 431-459). NH : Barcelona Publishers.

Summer, L. (2002). Group music and imagery therapy: Emergent receptive techniques in music therapy practice. In K. E. Bruscia (Ed.) *In Guided*

    Imagery and Music: The Bonny method and beyond(pp. 297-305). NH : Barcelona Publishers.

Summer, L. (2012). Helen Bonny's Pioneering work : Guided Imagery and Music. 예술교육치료연구소 창립 3주년 기념 국제학술대회 자료집 (pp. 1-9). 이화여자대학교 교육대학원 예술교육치료연구소.

Thaut, M. (1989). The influence of music therapy interventions on self-rated changes in relaxation, affect, and thought in psychiatric prisoners patients. *Journal of Music Therapy, 26*(3), 155-166.

Vaughan, F. E. (1979). Awaking intuition. NY : Anchor Press, Doubleday.

Ventre, M. (1994). Guided Imagery and Music in Process : The Interweaving of the Archetype of the Mother, Mandala, and Music. *Music Therapy, 12*(2), 19-38.

Wheeler, B. (1983). A psychotherapeutic classification of music therapy practices: A continum of procedures. *Music Therapy Perspectives, 1*(2), 8-12.

Williams, G. & Dorow, L. (1983). Changes in Complaints and Non-Complaints of a Chronically Depressed Psychiatric Patient as a Function of an Interrupted Music/Verbal Feedback Package. *Journal of Music Therapy, 20*(3), 143-155.

음악치료기술 제3장

신경학적 음악치료

Neurological Music Therapy

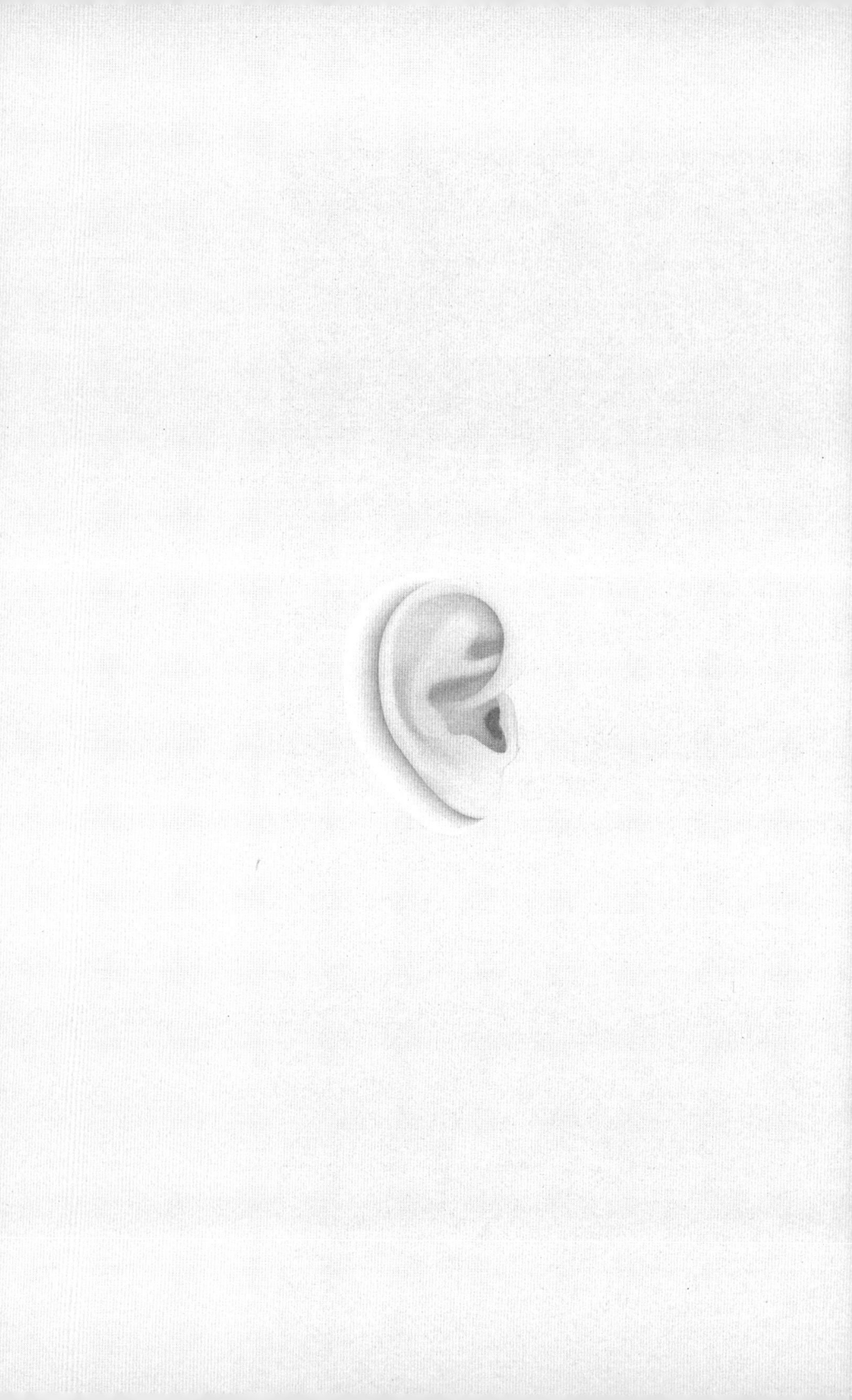

Michael Thaut에 의하면 신경학적 음악치료(Neurologic Music Therapy : NMT)는 음악을 기능적으로 사용하여 신경학적 원인으로 인한 인지, 감각, 운동기능 장애에 음악을 치료적으로 적용하는 것이다. 한마디로 신경세포들 상호 간의 소통 장애나 신경세포들의 손상으로 인해 발생한 인지적, 감각적 그리고 운동적 장애에 대한 음악치료적 접근과 중재를 말한다. 이를 위해 음악이 가지고 있는 모든 요소들 즉 리듬, 박자, 멜로디, 강약, 하모니, 악기의 기능 등을 치료적으로 개입시킨다. 치료기술들은 과학적인 연구에 기반을 두어야 하며, 각 환자의 필요와 기능적인 치료 목표에 따라 다르게 적용되도록 한다. 주로 물리치료사와 함께 병원이나 재활센터에서 뇌졸중, 파킨슨 증후군, 외상성 뇌손상, 뇌성마비 등 신경 손상 등 문제를 갖는 클라이언트들의 신체 재활, 인지장애, 행동장애 의사소통장애 그리고 정서적 적응 등 필요와 목적에 따라 돕기 위해 사용되고 있다.

그러면 음악이 무엇이기에 이러한 치료적 적용이 가능한가? 그리고 왜 음악이 치료적 적용에 사용될 수 있는가? 미국 콜로라도 주립대학교에 의하면 음악은 운동, 주의, 말의 생산, 학습, 기억에 관련된 뇌의 제어 과정에 접근할 수 있으며, 손상을 입은 뇌 기능을 회복하고, 손상받지 않은 뇌의 기능을 활성화시킬 수 있다고 밝혔다. 게다가 Taucht,

Peterson 그리고 McInotsh는 뇌는 리듬의 변화에 대해 빠르고 정확하게 적응하는 신경학적 기반을 가지고 있어 NMT는 인간의 신체적인 이상 상태의 교정과 개선을 위해 신체 반응을 이끌어 낼 수 있는 리듬을 사용한다고까지 한다.

1. 음악과 감각

음악이라는 감각자극들은 귀에서 받아들여지면서 청각 관을 활성화하고 연수를 통해 중추신경계로 들어가 시상을 통과하는데, 그 후에 대뇌피질 속에서 처리된다. 그리고 청각에 자극이 된 소리는 청각전달 경로를 따라 대뇌의 청각피질로 전달되며 변연계(Limbic System)를 통해 생리적, 심리적인 반응을 일으킨다. 이렇듯, 청각자극은 뇌의 변연계를 활성화시켜 신체 동작을 향상시키고, 정서를 변화시키며, 의사소통을 향상시킨다. W. Strobel & G. Huppman은 감정과 정서를 유발하는 음악의 효과들은 심리정화적(psychokathartisch) 또는 분석적 음악치료에서 사용될 수 있다고 했다. 또한 정신분석치료에서 클라이언트가 빠르게 문제 인식을 하고, 그 문제를 일반화시키기 위해서 음악을 통해 일어나는 연상들을 사용할 수 있다고 하였다. 심상을 갖는 공감각과 기본적인 생각들을 만들어내는 것은, 음악적이고 심상적인 그림 체험에서 활동적인 활동이라고 주장하기도 했다. 그러면서 이는 학습능력에 영향을 미치기 때문에 치료교육이나 특수교육 또는 행동치료에 적합하다고 하였다. 음악은 리듬을 통하거나, 그림과 함께 특별한 음과 리듬의 연상을 통하여, 그리고 작품의 선율과 구조를 통하여 감정을 나타낸다고 주장한다.

우리 인간은 정자와 난자가 수정되고 자궁에 존재하게 되면서부터 심장박동, 셀 수 없이 많은 떨림, 자궁벽과 장의 연동 운동, 그리고 그 움직임에 의해 발생되는 소음, 게다가 어머니의 호흡에서 기인하는 소음 등 수많은 소음 속에 있게 된다. 그리고 이러한 최초의 떨림이나 임신 중 현상은 태아 자신의 존재를 위해 필수불가결한 것으로 인식한다. 성장하면서 자신의 몸으로 느끼는 심장박동의 의미를 항상 의식적으로 느끼게 된다. 왜냐하면 심장박동의 감소는 산소나 영양분의 결핍이 원인이 되기 때문이다. 그리고 삶과 죽음의 본능은 탯줄을 통한 어머니의 혈액공급에 직접 연결되어 있다. 탯줄을 통한 신선한 피의 공급 이상은 태아에게 위험에 대한 경고를 만들어낸다. 이러한 심장박동과 혈액의 변화뿐만 아니라 불규칙함과 혼란스러움이 감지하게 되면, 이에 대한 인식들은 태아 존재에 위험한 영향을 미친다. 이러한 자극들은 비언어적 복합체뿐 아니라, 발달하는 존재의 기억에서도 나타나게 된다. 따라서 특별한 소음들은 일정한 두려움에 대한 기억을 불러일으킨다. 이러한 두려움의 감수성은 퇴화하는 고착화의 시기를 주게 된다. 예를 들어 대부분의 사람들은 씹는 소음에 민감하게 반응한다. 화가 난 아버지의 목소리가 가지는 특별한 음의 경우에서 기억되고, 화가 난 또는 공격에 대해 방어적인 소리들은(예를 들어 비명) 실질적인 위험을 암시한다. 게다가 갑작스러운 소음은 정신적 혼돈과 두려움을 일으킨다. 또한 반복되는 소음은 긴장을 강화시킨다. 그리고 이러한 상황에서도 혼돈의 감정이 일어난다. 물론 신생아의 청각은 완전하지 않다. 이 시기의 청각적 인식은 청각기관과 큰 관계가 없다는 말이다. 하지만 신생아는 다른 인식 구조가 있어서 그곳에서 정보를 얻는다. 청각기관 이외의 다른 인식 구조가 있다는 것은, 태아가 자신의 엄마에게서 나온 특별한 소음과의 관계에서 증명된다. 즉, L. Salk는 신생아를 4일 동안 심장박동과 비슷한 소음들을 들려주었는데, 이 소음을 들은 아이들은 다른 아이들보다 무게가 더 나갔다. 그리고 조금 큰 아이들에게서는 72 박동을 가진 심장박동을 들을 때, 더 빨리 잠에 든다는 것을 보고하였다. 여기서는 어떻게 이러한 사실들이 이루어지는지 알아보도록 하겠다.

음악은 어떤 음, 소리, 음색, Melodie, 화성, Rhythmus 등과 음악화가 가능한 요소들이 복합적으로 형성된 구조를 갖는 집합체이다. 이렇게 형성된 집합체를 우리는 간단히 음악이라 한다. 그리고 이러한 음악을 구성하게 되는 요소들은 음악에 대한 체험을 통해서 인식된다. 즉, 음악적인 요소들은 물리적인 기준으로만 인식되는 것이 아니다. 물리적인 기준을 포함하여, 인식하거나 인식되게 하는 주체와의 교류 속에서 인지한다는 것이다. 여기서 음악과 춤은 태어난 직후에 얻은 행동 양식의 결과이다. 음악과 춤은 비슷한 감각적 경험들을 재차 만드는 인간의 무의식적인 시도이다. 여기서 음이나 소리에 대한 약간의 설명이 필요한데, 소리(Klang)에는 일정한 주파수의 반복된 울림인 음(Ton)이 있고 이는 다시 순수음과 자연음으로 나뉜다. 순수음이란 진동 사이클이 1회인 음, 그러니까 악기나 배음을 가지지 않는 전자적으로만 만들어질 수 있는 음을 말하고, 자연음은 물리적으로 기체이든 고체이든 아니면 액체이든지 간에 어떤 물체를 매개체로 한 진동이 시작됨과 동시에 배음이 형성되는 소리를 말한다. Gerhart Harrer는 자신의 책(Grundlagen der Musiktherapie und Musikpsychologie)에서 소음과 잡음(DasGeräusch 와 Lärm)에 대한 정의를 내린다. 소음(Das Geräusch)은 음의 강도나 음의 높이가 빠르게 주기적인 교환이 일어나는 울림이고[10] 잡음(Der Lärm)은 교란적인 울림이라고 한다. 이는 물리적인 음향 진동의 불규칙성을 근거로 함과 동시에, 이러한 진동의 시간적 진행 역시 불규칙함을 의미한다. 이로 인해서 정보 교류에 지장을 초래하게·된다. 반면 소음인 경우에는 음향 진동의 규칙성을 근거로, 음의 강도나 음의 높이가 빠르게 주기적으로 교환됨을 의미한다. 이는 정보 교류를 방해하지 않는 것을 의미한다.

특히 NMT에서 중요하게 사용되는 '리듬'이라는 용어는 아주 일상적인 수준에서부터 음악, 의학 등 전문적인 분야에까지 두루 사용된다. Platon에 의하면 리듬은 움직임의 질서로 정의된다. 그리고 현대 영어 사전은 리듬을 소리 혹은 움직임의 규칙적인 흐름, 혹은 조수(潮水)나 계절, 또는 신체에서 일어나는 것과 같은 변화의 정규적인 형태로 정의한다. 이러한 정의는 일반적으로 리듬을 설명할 때 등장하는 주기성, 연속성 그리고 변화와 같은 단어들을 포함한다. 주기적이면서도 변화를 갖기 때문에, 리듬에는 긴장이라는 중요한 힘이 작용하고 있기도 하다. 그러나 이러한 사전적 정의가 음악

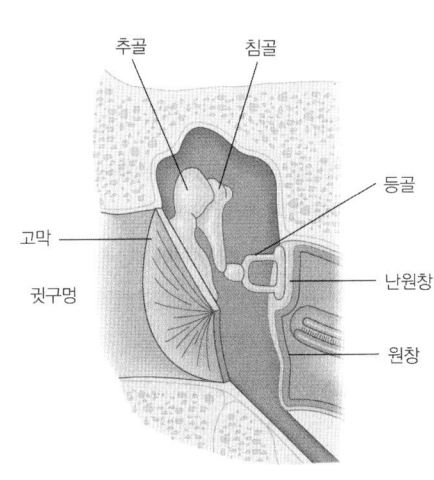

---

10 실제적으로 저음에서의 소음보다, 고음에서의 소음이 더 불쾌하게 느껴진다.

학자들 간에 합의를 통한 일반화가 이루어진 것은 아니다. 하지만 우리가 일상에서 리드믹하다고 표현하는 소리는 음악적인 것이든 일반 사물이 내는 소리이든, 정규적인 시간 간격을 갖고 있을 때를 말한다. 그러나 리드미컬한 일련의 소리들이 반드시 리듬을 갖는 것은 아니다. 이 일련의 소리가 리듬이 되기 위해서는 음 길이들에 어떤 패턴이 있어야 하고 그들이 정규적이어야 한다.

음악의 자극인 음파는 외이(外耳) – 중이(中耳) – 내이(內耳)의 순으로 전달된다. 외이는 고막을 보호하고, 중이의 막과 구조들이 일정한 온도를 유지하게 한다. 그리고 소리의 강도를 증가시키는 역할도 한다. 공기로 전달된 음파가 귓구멍 끝에 있는 고막에 도달하면, 음파는 막을 진동시키고, 이 진동은 고막의 반대편에 있는 중이의 구조로 전달된다. 이 중이를 중심으로 내이와 외이가 분리된다. 진동은 소골들(ossicles)인 추골(malleus), 침골(incus), 등골(stapes)순으로 전달된다. 등골은 진동을 최종적으로 난원창(oval window)을 덮고 있는 막을 자극해서 진동을 내이로 전달한다. 중이와 외이는 공기로 채워져 있는 반면, 내이는 공기보다 밀도가 더 높은 액체로 채워져 있다. 공기의 낮은 밀도와 액체의 높은 밀도 간에 불일치는 문제를 일으킨다. 즉, 공기의 압력 변화는 한층 밀도가 높은 내이의 달팽이관 액체에 잘 전달되지 않는다. 만약 진동이 공기에서 액체로 직접 통과한다면, 진동의 약 3%만 통과할 것이다. 이러한 문제를 해소한 소골들은 먼저 큰 고막의 진동을 더 작은 등골에 집중시키고 그 뒤에 내이에 도달하는 소리의 진동을 증폭시킨다. 그런데 소골들에 의한 이러한 증폭 효과가 모든 동물들에게 필요한 것은 아니다. 물고기는 환경에서 소리를 전달하는 매체인 물의 밀도와 물고기 귀 안에 있는 액체 간에 불일치가 적기 때문에 물고기에게는 이러한 증폭이 필요하지 않다. 내이에는 액체로 채워진 달팽이관(cochlea)이 있다. 이 액체는 난원창에 기대어 있는 등골의 진동에 의해 진동된다. 달팽이관을 반듯하게 풀어내면 직경이 2mm이고 길이가 35mm인 원통모양이 되는데, 전정계라 불리는 위쪽 반과 고실계라 불리는 아래쪽 반으로 분리되어 있다.

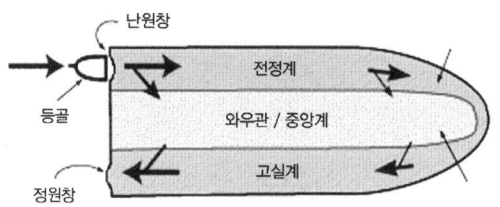

이 달팽이관은 주파수별로 자극을 받아들이도록 되어 있고, 이 둘을 분할하고 있는 코티 기관(organ of Corti)이 있다. 여기에는 소리를 전기 신호를 만드는 기관인 융모세포(inner hair cells)가 있다. 이 융모세포가 휘어지면서 소리 자극에 따른 진동이 전기신호로 변환된다. 그리고 융모세포 밑으로는 청신경 섬유가 있는 기저막(basilar membrane)이 있다. 이 기저막은 코티 기관을 지지하고, 소리에 반응하여 진동을 한다.

융모세포에서 만들어진 신호들은 청신경 섬유를 통해 대뇌피질 아래의 피질하 구조들(subcortical structures)에 전달되는데, 이 과정에는 달팽이관 핵(cochlear nucleus)에서 시작하여 뇌간에 있는 상 올리브 핵(superior olivary nucleus), 중뇌의 하구(inferior colliculus), 시상(Thalamus)의 내측슬상핵(medial geniculate nucleus) 그리고 측두엽의 일차 청각수용영역으로 간다. 그리고 피질하 구조들(subcortical structures)에 전달된다.

인간의 뇌는 배아의 초기 발생 과정에서 나타나는 신경관(neural tube)에서 발달이 시작된다. 신경관이 점차 발달하면서 전뇌(forebrain), 중뇌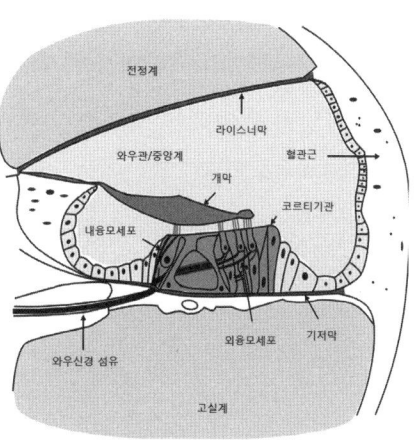(midbrain), 후뇌(hindbrain)로 분화되는데, 전뇌가 대뇌로 된다. 전뇌는 종뇌(telencephalon)과 간뇌(diencephalon)로 분화된다. 여기서 종뇌는 최종적으로 신피질(neocortex), 기저핵(basal ganglia), 대뇌변연계(limbic system)로 분화되고, 간뇌는 시상(thalamus)과 시상하부(hyperthalamus)로 분화된다.

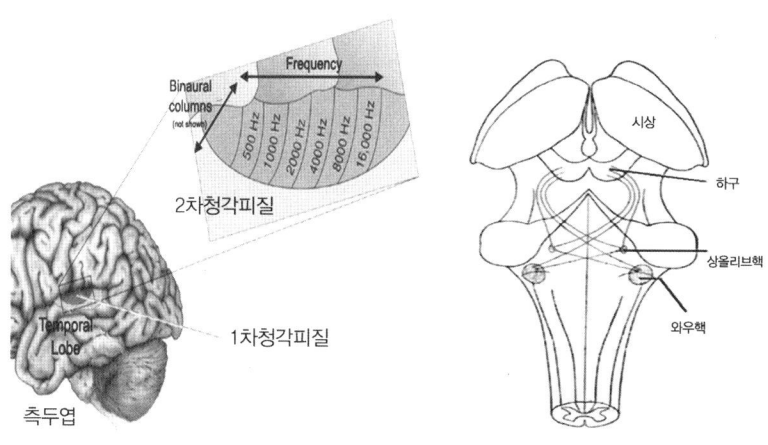

중뇌와 간뇌 사이에는 운동 조절에 중요한 기저핵과 정서에 중요한 변연계, 이 두 개의 신경계가 존재한다. 이들 신경계의 대부분의 구조들이 대뇌피질 아래에 위치하기 때문에 이것들을 피질하계(subcortical system)라고 한다. 간단히 말해서 신피질을 제외한 부분을 말한다.

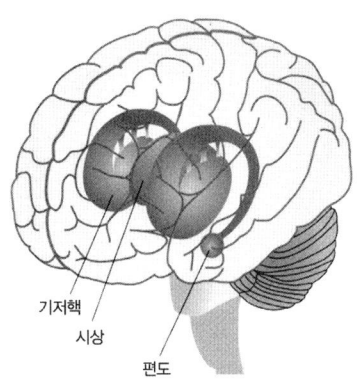

기저핵
시상
편도

변연계는 형태학상으로 간뇌를 둘러싸고 있는 가장자리의 피질영역을 말하고, 피질하 구조들 중 감정과 정서에 관여하는 부분들을 변연계로 따로 구분하여 말한다.

대상회(cingulate gyrus)

대뇌와 변연계 사이에 위치, 시상과 해마를 연결해 준다. Taylor(1997)는 대상회(cingulate gyrus)는 감정과 동기 유발된 행동과 관계가 있다. 특히 편도체(amygdala)는 기쁨, 슬픔, 혐오, 공포, 분노 등을 관장하며, 음악이나 다른 자극에 대한 정서반응을 촉진하는 데 매우 중요한 역할을 한다고 하였다. 또 시상하부와 편도체에 있는 세포는 정서적으로 의미 있는 것을 해석하고, 그 내용은 연수와 뇌교에 있는 세포로 보내져 교감신경계의 활동을 통제하는 척수로까지 이어진다고 하였다(Jansen, Nguyen, Karpitsky, Mettenleiter & Loewy, 1995).

시상(thalamus)

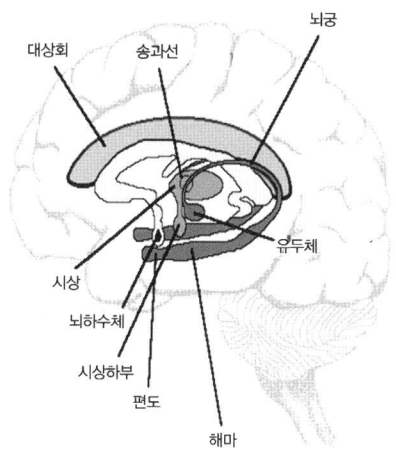

후각을 제외한 대부분의 감각 정보들이 시상을 지난다. 몸의 신호를 뇌로 보내는 동시에 뇌의 신호를 몸으로 보내기도 한다. 다수의 핵으로 구성되어 있고, 회질과 백질이 섞여 있는 구조물로 전두엽(frontal cortex) 혹은 전전두엽(prefrontal cortex)에서 소뇌(cerebellum)로 연결되는 회로의 핵심 부위로서 조현병의 원인 가설로 제기되는 인지적 조절 이상(cognitive dysmetria)의 중추적 기능을 담당하는 부위로 알려져 있다. 또한 광범위한 부위의 피질과의 연결회로(thalamo-cortical circuit)에서 주요한 기능을 담당하는 부위로, 시상의 이상은 환각(hallucination), 사고장애(thought disorder) 등의 양성 증상과 관련이 있다.

시상하부(hypothalamus)

자율신경계(교감신경과 부교감신경)와 내분비계를 통해서 신체의 항상성(homeostasis) 유지에 관여한다. 체온 조절, 체액 및 전해질 균형의 조절, 음식물 섭취의 조절(식욕) 등에 관여한다. 작은 부위지만, 변연계의 기능이 외부로 표현되는 데 있어서 없어서는 안 되는 중요한 부분이다. 그 기능은 정서적 행동에서부터 대부분의 내분비기능에까지 이른다. 이러한 시상하부는 다른 변연계 조직들과도 연결되어 있다. 어떤 소리가 시상에서 피질로 가서 우리가 말한 내용이 무엇인지를 알게 한다. 그 후 그 메시지가 시상하부로 가서, 우리 몸이 어떻게 반응해야 할지를 판단한다. 그 소리 자극 때문에 화가 나면, 시상하부는 혈압을 올리라고 지시한다. 그로 인해 우리가 흥분하면 시상하부는 땀을 흘리고 맥박 속도를 더 높이라고 지시한다. 몸에 수분이 부족하면, 시상하부가 곧 메시지를 보내어 갈증 상태임을 알린다. 시상하부는 배고픔에 대한 메시지도 보내는데, 우리는 위가 비어 있어서 배고프다고 느끼는 게 아니라 뇌에서 영양분이 필요할 때 배고픔을 느끼는 것이다.

편도(amygdala)

우리가 느끼는 기쁨, 슬픔, 분노, 불쾌 같은 정서들이 편도에서 유발된다. 편도는 감각기관을 통해 들어온 모양, 소리 그리고 냄새 등 비언어적 정보를 해석한다. 편도는 과거의 경험에 비추어 새로운 정보를 해석해 위험 상황이나 공포 상황에서 몸이 어떻게 해야 할지를 판단한다. 정서를 어떻게 처리할지도 담당한다. 편도가 다양한 장기기억과 긴밀하게 협력하여 기능하기 때문에, 우리는 자신이 처한 다양한 상황에서 적절하게 반응할 수 있게 된다. 또한 편도는 해마와 협력해서 우리가 자신과 다른 사람의 감정을 이해하고 조절하도록 해준다. 인간은 분노든, 슬픔이든, 공포든, 기쁨이든 정서에 많이 의존한다. 편도는 그런 것들을 순조롭게 이루어지도록 해준다. 편도는 비언어적 정보를 다루기 때문에, 다른 사람의 얼굴에 나타난 정서나 그 밖의 행동을 비롯한 사회적 상황을 해석한다.

해마(hippocampus)

기억 내용을 저장하는 방식과 어떤 것을 기억할지를 담당한다.

뇌하수체(pituitary gland)

시상하부의 명령에 의해 체내의 여러 곳에 호르몬생산을 촉진하는 호르몬(stimulating hormone)을 내보낸다.

20세기에 들어와서 과학자들은 뇌의 특정 부위를 연구하여, 대뇌피질 안쪽의 변연계라는 조직이 감정과 관련된 정보를 받아들이고 신체적 반응까지도 조절하는 감정의 진원지라는 사실을 밝혀냈다. 인간의 생체조직과 감정의 연관성을 다루는 문제에서 중요한 것은 뇌의 좌우반구가 각기 다른 감정적 반응을 담당하고 있다는 사실이다. 예를 들면 왼쪽 뇌가 손상된 경우 웃는 표정을 짓지 못하고, 공포나 혐오와 같은 부정적인 감정 표현이 요구될 때는 오른쪽 뇌의 활동이 활발해지고, 유쾌하고 행복한 기분에 젖어들 때는 왼쪽 뇌의 작용이 왕성해진다는 것이다. 명랑하면 우울할 때보다 두뇌능력이 우수해진다. 어떤 문제를 풀기 위해 감각을 기록하고 이를 활용하는 기억 작용이 얼마나 잘 발휘되는가는 그 사람의 기분에 따라 크게 좌우되기 때문이다. 특히 복잡한 과제의 해결에서는 명랑한 사람이 우울한 사람보다 훨씬 탁월한 능력을 보인다.

  1930년대에 원숭이를 대상으로 한 연구에서 편도핵이 손상되면 외부의 자극에 대한 반응을 망각하게 돼, 위험을 전혀 알지 못하고, 보통 놀랄 만한 상황에서도 전혀 감정 표현을 하지 못하는 경우가 발견되었다. 손톱크기만 한 이 편도핵이 뇌의 각 부분과 작용하면서 감정을 주관하는 센터 역할을 한다는 것이다. 우리는 살아가면서 기쁨, 슬픔, 분노, 불쾌 같은 정서를 느끼는데, 바로 그런 정서들이 편도에서 유발된다. 어떤 잡음이나 소음을 들었을 때 불안과 공포를 느낄 것인지, 익숙한 소리이기 때문에 아무 동요를 느끼지 않을 것인지에 대해 편도핵이 먼저 반응을 한다. 이것은 감각 정보가 뇌로 먼저 전달된 후, 하부 신경계통으로 반응 명령을 내린다는 과거의 과학자들의 생각과는 다른 내용이다. 때로는 편도를 공포 센터라고 부르기도 한다. 우리가 인식하든 못 하든, 가장 강력한 정서는 공포이다. 공포는 생존을 위해 필요하다. 편도는 감각기관을 통해 들어온 모양, 소리 그리고 냄새 등 비언어적 정보를 해석한다. 또한 편도는 해마와 협력해서 과거의 경험에 비추어 새로운 정보를 해석해 위험 상황이나 공포 상황에서 몸이 어떻게 해야 할지를 판단한다. 그리고 어떤 것에 일단 부딪쳐봐야 할지, 아니면 도피하는 게 적절하고 안전할지를 판단한다. 이런 걸 '투쟁 또는 도피' 반응이라고 하는데, 이런 과정은 사고 뇌인 피질이 관여하기 전에 일어난다. 위급한 상황에서 어떻게 해야 할지 망설이다 보면 빨리 결정할 수가 없다. 편도는 위험 상황에서 자동안전장치처럼 기능하는데, "맥박수를 증가시켜라! 근육에 혈액을 보내라! 빨리 달아나라!"와 같이 반응 방법에 대한 정보를 여러 뇌 부위에 전달한다. 실제로 대뇌피질 등이 파괴되어도 불안, 공포와 같은 원초적 감정표현은 편도핵을 통한 긴급회로에 의해서도 이루어질 수 있다는 것이다. 이런 사실은 감정 처리가, 논리적 판단 이전에, 무의식적으로 일어난다는 견해에 대한 생물학적 근거를 제시한다. 즉 감정은 사고보다 원초적인 기능이라고 할 수 있다. 고등동물의 경우 고차원적인 감정은 고도의 사고 기능과 밀접하게 연결되어 있지만, 본능적인 공포나 놀람과 같은 원시적인 감정은 대뇌피질까지 연결되지 않고 피질하부에서 반사적으로 이루어진다.

LeDoux의 편도에 대한 정리를 소개하도록 한다.

편도체계는 무의식적이다. 자극에 대한 의식적인 입력이 없더라도, 편도에서 정서 반응이 형성될 수 있다. 정서는 인지 없이 존재할 수 있다.

편도 체계는 더 빠르다. 위험 신호는 시상을 경유하여 편도와 피질 모두에게 전달되는데, 편도에 더 빨리 도달한다. 피질이 위험 신호를 인식할 즈음에, 편도는 벌써 위험에 대한 반응을 시작한다. 정서는 인지보다 먼저 존재할 수 있다.

편도체계는 자동적이다. 일단 편도 체계가 위험을 평가하면, 자동적으로 정서 반응과 신체 반응이 일어난다. 이와 대조적으로, 인지적 정보처리의 두드러진 특징은 반응의 유연성이다. 일단 인지를 갖게 되면, 우리는 선택권을 가진 것이다.

편도체계의 정서적 기억은 영원한 것처럼 보인다. 편도를 통해 형성된 무의식적 공포 기억은 두뇌에 새겨져서 지워지지 않는 것처럼 보인다. 결코 잊히지 않는 위험한 자극에 대한 기억은 쉽게 소거되지 않는다. 어느 때는 공포가 사라진 것 같지만, 스트레스를 받으면 자발적으로 다시 나타난다. 소거는 조건화된 공포 반응이 출현하는 것을 방해하지만, 반응의 기저에 있는 기억을 지우지는 못한다. "소거는 편도에 저장된 기억의 편린을 깨끗이 지우는 것이 아니라, 편도의 출력을 피질이 통제하는 것이다."

편도 체계는 섬세한 구별을 하지 않는다. 일단 정서적 기억이 편도에 저장되면, 외상 경험 동안 존재했던 자극과 조금이라도 닮은 자극에 다시 노출될 때마다 공포 반응이 일어난다. 편도 체계는 외부 세계를 투박하게 처리하는 반면, 피질은 보다 섬세하고 정확하게 표상한다. 인지적 평가를 바탕으로 반응을 억제하는 역할은 피질이 담당한다. 편도는 반응을 유발할 뿐, 억제하지 않는다.

편도 체계는 진화적으로 상위피질보다 앞선다. 편도는 위협에 직면하면 공포 반응을 점화시키는데, 이런 양상은 오랫동안 거의 변화되지 않았으며, 동물의 세계나 심지어 하류 종들에게서도 유사하다. 해마 역시 진화적으로 오래된 두뇌의 일부분이지만, 해마는 후기에 발달하는 상위피질을 포함하는 신피질에 연결되어 있다. 우리의 정신활동 중 하나인 각성은 예를 들면 자율신경계, 신경내분비계, 혹은 중추신경계에서 표현되는 고양된 생리적 활동의 상태와 관련되는 신경계의 여러 활동을 지칭하는 용어이다. 높은 수준의 대뇌피질부는 변연계나 척수와 같은 낮은 수준의 중추 신경계 기능을 촉진 또는 억제하는 등의 조정 역할을 한다. 따라서 대뇌 부위가 손상되거나 기능이 약화되면, 그 결손 증상과 함께 대뇌부의 조절 통제에 있던 하위 뇌 부위의 기능이 해방되어 동물화 현상이 촉진된다. 운동은 여러 종류의 운동 통제가 동시에 일어나기 때문에(예: 세부 운동과 총체적 운동 두 가지 모두에 대한 통제) 여러 두뇌 영역이 동시에 관여할 때가 자주 있다. 그러나 특정 두뇌 영역은 다른 영역보다 더 두드러진 역할을 수행하게 될 수도 있다. 운동장애들은 주로 두 개의 범주로 나눌 수 있다. 두뇌의 피질하 구조물의 손상과 피질 영역의 손상으로 인한 장애들이다. 피질하 구조물의 손상에 따른 장애로는 파키슨병(Parkinson's disease), 헌팅턴병(Huntington's disease), 투렛 증후군(Tourette's syndrome), 지연운동 이상증(tardive dyskinesia) 등이 있는데, 이 장애들은 운동의 느림, 부정확, 또는 나타나지 말아야 할 운동의 출현 등을 일으킬 수 있다. 피질영역 손상에 의한 장애들은 학습된 운동에 관여하는 개념화(conceptualizing), 계획(planning), 서열화(sequencing) 등에 문제를 일으킨다. 이런 경우 환자들은 피아노를 치거나, 어떤 행동을 위하여 근육을 움직여야 하는지를 아는 데 문제를 보일 수 있다.

Cannon과 그 동료들은 마취 초기 단계의 환자나 고양이 연구를 통해 뇌의 특정부위가 정서와 중요한 관련성이 있음을 주장하였다. 이들은 고양이의 뇌에서 대뇌반구를 제거했을 경우, 몹시 화가 난 상태의 동물에게서 볼 수 있는 허위 분노가 2~3시간 정도 지속되었다고 보고함으로써 "감정(정서)은 신체적 기제, 특히 내장과 내분비계의 변화를 수반하는 유전적으로 정형화된 반응이다."라고 정의했다. 그러면서 정서표현과 관련된 뇌의 기능을 강조함으로써 신경생리학 이론의 토대를 마련하였다. 신경생리학적 이론은 신체 기관의 생리적 변화보다는 뇌와 정서반응 간의 관련성에 초점을 맞추고 있는 이론이다. Cannon(1929)은 정서반응이 상이함에도 불구하고 교감신경계의 활성화에서 차이를 보이지 않는다는 사실을 근거로 정서를 뇌의 특정 영역에서의 활동의 결과로 이해하고자 하였다. 즉, 분노, 공포, 즐거움, 갈등과 같은 정서에는 각기 상이한 특정한 뇌 신경회로가 관여한다는 것이다. 결과적으로 많은 정서적 행동은 편도체(amygdala)와 같은 뇌 피질하부에서 일어나는 정보처리와 근육통제에 좌우되는 것으로 보고 있다(LeDoux, 1996). Cannon은 시상하부는 정서를 통합하는 중추이며, 시상하부에서 피질로 전달되는 신경반응이 정서적 경험의 근원이 되고, 시상하부로부터 운동중추로 전달되는 신경반응이 정서적 표현의 근원이 된다고 하였다.

Cannon의 정서 표현 과정

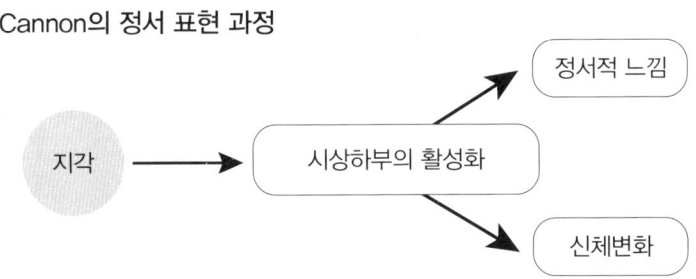

운동체계는 청각체계에 의한 각성에 매우 민감하다. 청각을 통한 신경 자극은 운동 구조로 직접 투사한다. 우리의 대뇌피질은 신경교와 세포체가 대부분이고 수상돌기와 뉴런들을 상호 연결하는 축색으로 이루어져 있다. 그중 수초화가 되어 있지 않고 세포가 가장 많기 때문에 대뇌피질은 회색빛이 도는 갈색을 띠게 되고, 이를 회백질(gray matter)이라 한다. 대뇌피질 아래에는 대뇌피질의 뉴런과 다른 뇌 부위의 뉴런을 연결하는 수많은 수초화된 축색들이 있다. 따라서 수초가 많이 있어 불투명한 흰색을 띠므로 백질(white matter)이라 한다. 즉 회백질 부분은 신피질에 해당하고 피질하계 또는 피질하 구조는 백질에 해당한다. 이 회백색 부분이 중추신경계(Central Nervous System : CNS)를 관장한다. 이러한 대뇌피질의 좌측 대뇌반구는 일반 해석 영역과 언어중추를 수용하고 있는데, 예를 들면 읽기와 쓰기 및 말하기는 좌측 대뇌반구에서 수행되는 처리에 좌우된다. 또 이 반구는 수학적인 계산과 논리적인 결정을 내리는 것과 같은 분석적인 과제를 수행하는 데도 중심이 된다. 반대편의 우측 대뇌반구는 감각 정보를 분석하고, 이에 따라 신체를 감각된 환경과 연계시키는 데 중심이 된다. 이 반구의 해석 중추들은 접촉, 냄새, 맛 및 느낌에 의해 친근한 대상을 식별할 수 있게 해준다. 즉 상대편의 얼굴을 알아보는 것과 삼차원적인 관계를 이해하는 데 주도적인 역할을 하며, 대화의 정서적 정황 분석을 이끌어 낸다. 이 두 반구는 뇌량(corpus allosum)을 통해서 활발한 교류가 이루어진다. 이 뇌량의 교류로 양쪽 뇌는 차이가 거의 없다. 이것은 좌뇌가 우반신을 조절할 때 필요한 모든 기능이, 좌반신을 조절하는 우뇌에도 존재함에서 쉽게 알 수 있다. 또한 사고기능은 양쪽 뇌의 여러 곳에 펼쳐져 있지만, 언어는 주로 좌뇌가 담당하는데, 말하는 소리와 의미 사이의 연결은 주로 좌측 측두 피질, 의미 있는 언어 생성을 위한 운동 명령은 주로 좌측 전두 피질에서 이루어진다. 음악은 양측 대뇌반구가 각각 다른 기능을 담당한다. 좌측 대뇌반구는 주로 음정, 멜로디, 리듬 패턴 등 전반적인 형태를 인식하는 기능을 하거나 음악의 연결과 분석적인 면에 관여한다. 반면 우측 대뇌반구는 소리를 종합하거나 정서적인 내용을 담당하며 허밍이나 다른 비언어적인 소리와 관련이 있다. 우측 대뇌 반구 는 언어 기능에서 감정적인 혹은 정서적인 내용을 담당하고, 운율적인 요소와 관련이 있다. 그리고 우리의 여러 신체 부위들은 하나의 단위처럼 협력해야 하는데, 이는 양쪽 뇌에서 교류가 이루어져야 한다.

회백질인 대뇌피질은 신체 전반에 걸쳐 특수한 감각과 운동을 담당하는 대뇌의 여러 부위 중에서도 가장 상위에 있는 부위이며, 최고의 정신 기능이 영위되는 곳으로 각 부분마다 특징적인 기능을 수행하는 곳이 정해져 있다. 이러한 기능 영역은 크게 신체의 운동을 주관하는 운동 영역(motor area)과 체성 및 특수 감각을 감지하는 감각 영역(sensory area), 그리고 고등한 정신 기능과 관련이 깊은 언어, 기억, 상상, 감각, 학습, 이성 및 인격 등의 기능을 주관하는 곳인 연합 영역(association area)으로 구분할 수 있다. 이때, 고등동물일수록 연합 영역이 넓어 사람에 있어서는 연합 영역이 피질 면적의 86% 정도가 되는 것으로 알려져 있다.

백질은 신경세포들을 연결하는 길고 가는 축색돌기로 이루어져 있다. 이 축색돌기는 수초라는 보호막으로 싸여 있는데, 이 수초를 구성하는 성분은 백색지방이다. 결국 축색돌기가 많기 때문에 수초도 아주 많은데, 그로 인해 이 부위가 흰색으로 보인다. 백질의 축색돌기는 언어 담당 피질과 청각 담당 피질을 연결할 뿐만 아니라, 뇌의 여러 부위를 서로 연결한다. 일부 축색돌기는 직접 연결되는가 하면, 일부 축색돌기는 다른 뇌 부위들을 거쳐 간접적으로 연결된다. 그렇다고 해서 실제의 사고나 활동이 백질에서 일어나는 건 아니다. 백질은 뇌에서 일어나는 교류의 통로일 뿐이다. 많은 뇌 부위들은 백질을 지나는 복잡한 통로를 통해 더 많은 뇌 부위들과 연결된다.

여기서 알 수 있는 것은 백질이든 회백질이든 신경세포가 분포한다는 것이다. 그리고 신경세포가 있다는 것은 Synapse가 있다는 것이다. 이는 우리감각기관안에 있는 세포들은 일정한 물리적인 상황들을 자극으로 변환시키고, 이렇게 변환된 자극들은 우리의 세포체계에 의해서 가공되어지며, 이 세포체계의 가공은 들어온 자극(input)의 전류를 나가는 자극(output)의 전류로 바꾼다는 것을 의미한다. 불과 20년 전까지만 하더라도 뇌는 정지 상태의 기관이었다. 하지만 뇌는 정지 상태의 기관이 아니라 오히려 매우 입체적인 기관이다. 뇌는 한평생(종신토록) 환경의 조건들과 사건들에 적응 또는 순응한다. 즉, 습득 또는 학습한다는 것이다.

우리가 많이 생각할수록, 뇌의 여러 부위를 연결하는 백질이 많은 시냅스를 만든다. 어릴 때 이런 시냅스가 더 잘 만들어진다. 그건 곧 어렸을 때 새로운 언어나 기능을 배우기가 쉬운 이유이기도 하다. 40살 된 사람은 시냅스(Synapse)가 상당히 고정된 상태라서 새로운 시냅스를 만들기보다는 기존의 시냅스를 사용하려 한다. 어떤 기관의 생활 체험에 대한 중추신경에서의 적응하는 과정을 신경의 입체성이라고 표현한다. 이는 다양한 수준에서 나타난다. 대표적인 것이 신경세포들 간의 시냅스들이다. 하나의 자극이 다른 신경에서부터 시냅스를 거쳐서 어떤 신경에 도달한다. 이것은 학습과정에서 변화된 연결 강도를 갖는다. 신경생물학적으로 배움이란 신경세포들 간의 연결 강도의 변화를 의미한다. 고전적 조건형성을 예로 든다면, 한 개는 먹이를 얻으면 동시에 침을 흘린다. 이것은 일반적인 반응과정(무의식적 반응이다.)이다. 이는 다시 학습을 통해서 변화를 준다. 개가 먹이를 볼 때 종을 울린다. 나중에 먹이를 제거하고 종을 울리면 개는 침을 흘린다. 종소리를 듣고 침을 흘리는 것은 신경세포가 자극에 대한 무조건적 반응이 학습된 것이다. 이것은 시냅스적인 연결의 전달 강도의 변화에 대한 반응이다. 시냅스 강도의 변화는 기본적으로 학습된 것을 증명(이 증명으로 Erick Kandel은 노벨상을 2번 받았다.)한다. 신경세포들 간의 연결들만이 변하는 것이 아니다. Kemperman(1997)에 의해서 증명되어졌는데, 만약 해당되는 기관이 어떤 관심 있는 환경에 있다면, 학습으로 뇌구조에 새로운 내용적 삽입 중에 하나인 해마(Hippocampus)에서 새로운 신경세포가 성장한다. Erickson(1998)은 인간의 뇌에서 신경세포의 새로운 형성을 증명하였다. Gold(1999), 그리고 Unger와 Spitzer(2000)는 학습 과정에서 이러한 과정을 조심스럽게 다루었다. 이는 Scharff(2000)가 한 '지저귀는 새의 실험'에 의해서 증명되었다. 기존에 검증된 노래하는 영역의 세포들이 파괴된 후에도 일정한 기능들이 실행될 수 있었다. 2001년의 Shors의 실험으로 일정한 뇌구조들에서 일반적인 학습 과정이 진행될 수 있음을 증명하였다. 신경들 사이의 연결들의 변화, 그리고 신경들의 증명들과 병행해서 신경가소성(neuroplasticity)은 계속적인 수준에서, 즉 대뇌의 모든 영역에서 나타난다. 신피질은 아주 분명한 내적 구조, 그리고 기능 방식을 소유한다. 그 때문에 그들에게 들어오는 신호들의 재표현들을 형성한다. 감각기관들의 일정한 입력이 들어오게 되면, 대뇌는 항상 쉼 없이 활동하는 신경들을 포함한다. 이러한 새로운 신경학적 경로가 발달될 수 있다는 증거는 Stein이나 Kolb에 의해서도 증명된다. 이들은 뇌는 신경학적인 외상후 자가-수정 그리고 재조직 할 수 있는 능력이 있다고 주장한다. 이 재조직화는 뇌의 영역에서 기능 손실에도 불구하고 환자가 재학습할 수 있게 한다. 신경세포의 시냅스가 활발히 활동하게 되면 수상돌기는 확장된다. 따라서 치료 행위들은 이 수상돌기의 성장을 촉진하는 방법을 강구해야 한다. 여기에는 활동의 반복을 통한 변화가 수지상돌기의 촉진을 위해 필요하다. 신경세포 사이의 복잡한 연결을 창조하기 위해 풍부하고 다양한 창조적 경험이 필수적이다. 같은 방법으로 같은 기술을 반복적으로 연습하는 것보다는 어려운 기술을 점차적으로 발달시켜 나가도록 하는 것이 신경의 활성도를 높이는 데 효과적이다. 하지만 심각한 손상의 경우 재조직의 가망성은 현저하게 줄어든다.

인간은 본능적으로 음악의 리듬에 자신의 신체 리듬을 동화시키고자 하는 특성이 있다. 리듬은 즉각적이고 감각적으로 우리 몸의 불규칙적인 움직임을 통제하며 조절하는데, 이러한 특성은 연령이나 장애 유무와 상관없이 나타나기 때문에 뇌성마비 유아들에게서도 쉽게 찾아볼 수 있다. 뿐만 아니라 리듬은 음악의 기본 요소인 선율, 화성과 함께 인간의 감정을 불러일으켜 일반인에게나 장애인에게 정서적 안정과 기쁨을 준다고 한다. 정서적 안정과 불안은 곧 긴장과 이완과 밀접한 관련을 가지게 된다. 긴장과 이완은 서로 공존할 수 없다. 생리적 이완은 신진대사 감소, 산소 소모량 감소, 이산화탄소배출량 감소, 심박동수 감소, 호흡수 감소, 고혈압의 경우 혈압하강을 일으키고, 정상의 경우에는 정상혈압유지, 혈중 젖산량 감소, 근육긴장도 저하, 알파파 증가, 손바닥피부저항 증가, 혈중스트레스호르몬인 에피네프린(epinephrine)의 감소 등을 나타내고, 심리적 이완은 불안 감소, 긴장 감소, 우울 감소, 평정과 평안함의 증가 등을 나타낸다. 따라서 긴장을 이완시킬 때는 신체적 이완에서 심리적 이완으로, 심리적 이완에서 신체적 이완으로 두 가지 방법이 모두 효과적이다. 실제 우리가 흔히 보는 이완 기법을 보면, 각각의 근육을 체계적이고 점진적으로 이완시키는 것으로 이완된 신체 안에는 불안한 마음이 존재할 수 없다는 가설을 기본으로 하는 점진적 이완법(progressive relaxation), 평상시 자율적 조절이 불가능한 생리적 반응 또는 평상시 자율적 조절이 되던 생리적 반응이 외상 또는 질병과 불안 등으로 인하여 자율적 조절이 불가능하게 된 것을 자신이 스스로 조절할 수 있도록 자신의 생리적 신호를 피험자 자신이 직접 관찰하고 조절하는 방법을 학습할 수 있는 기계장치의 도움을 받아 훈련하는 학습 과정인 바이오피드백(biofeedback) 훈련법, 그리고 호흡 조절(respiration regulation) 훈련법 등이 있다.

우리의 음악에 대한 민감성과 자발적인 음악적 표현은 의식적인 노력이나 학습 없이 인생 초기에 나타나는 음악적 활동이 조화와 안정을 추구하는 음악에 대한 지각과 체험이 훈련되고, 이후 긍정적인 감정이 일어날 수 있고, 이렇게 긍정적인 감정은 이완을 통해 정신적인 또는 육체적인 부담을 덜어준다. 여기에서 더 나아가 정서적인 안정과 자신감을 강화시킨다. 또한 불안하고 초조한 느낌, 우울증, 공격 성향, 좌절감을 제거하는 등의 역할을 한다. 이러한 역할들은 음악을 치료적인 목적으로 사용할 수 있도록 하는 근거들 중의 하나라고 할 수 있다. 그리고 사람에게 신체적, 생리적, 정서적 다양한 반응을 유발할 수 있는 음악 자체의 기본적인 본성을 활용하여 인간의 신체적, 정신적 건강을 도모하고자 하는 것이 음악치료의 목표가 된다. 음악치료가 시연될 때에는 심리적으로 긍정적인 환경을 만들어주며, 움직임을 유발시키는 동기를 제공하고, 생리적으로 긍정적 영향을 주어 신체의 고통을 경감시킨다. 또한 음악을 통한 반복된 훈련은 지루함을 경감시킨다.

2. 신경학적 음악치료(Neurological Music Therapy) 기법

NMT(Neurological Music Therapy, 신경학적 음악치료)는 신경계의 신경학적 손상으로 인한 인지적, 감각적, 운동적 기능장애를 치료하기 위해 음악을 사용하는 것이다. 신경학적 음악치료의 대표적인 기법은 첫 번째로 감각 운동 훈련(sensor-motor techniques)에 속하는, 내면적이고 생리학적인 리듬을 가지고 있는 움직임의 재활을 돕기 위해 리듬을 사용하는 리듬청각자극(rhythmic auditory stimulation, RAS), 음악의 요소인 선율과 리듬, 세기와 빠르기를 움직임에 대한 시간적, 공간적 힘의 신호로 제시하여 목표된 움직임을 보다 쉽게 달성할 수 있도록 돕는 기법으로 패턴화된 감각증진(patterned sensory enhancement, PSE), 신체의 재활을 위하여 악기를 연주하는 것으로써 전통적인 악기연주 방법뿐만 아니라, 악기를 변형하여 연주하는 것을 통하여 신체재활을 필요로 하는 사람들의 신체 각 부위를 골고루 사용하도록 돕는 치료적 악기연주(therapeutic instrumental music performance, TIMP)가 있다.

리듬청각 자극(Rhythmic Auditory Stimulation, RAS)기법

사람은 저마다 선천적으로 생물학적인 리듬을 가지고 있으며, 이 내재된 리듬은 사람의 움직임에 무의식적인 기준이 된다. 즉, 인간은 자율신경계의 영향을 받고 있다. 그리고 인간의 몸은 청각적 자극을 통해 리듬의 ISO 원리에 따라 움직이게 된다. 또는 무의식적인 동조화 작용(synchronization processing)을 따라 움직인다. 이는 RAS 경로는 의식적이고 일반적인 청각경로와 다르다는 것이다. 무의식적으로 자율신경계로 이어지는 경로라는 말이다. 따라서 청각적 자극인 리듬의 구조 형성에 따라 클라이언트의 보행 속도(Velocity), 균형(Symmetry), 보폭(Stride Length), 걸음걸이 보조(Step Cadence)를 향상시킬 수 있다는 가설에 근거한다. 이는 운동 기능을 통제하는 운동중추(대뇌피질, 기저핵, 소뇌, 뇌간, 척수)에 청각적인 리듬자극을 주어 생리적인 효과를 이끌어 냄으로써 운동 통제기능의 증진과 반응의 촉진하고자 한다.

이 기법은 뇌졸중(Stroke), 파킨슨병(Parkinson's Disease : PD), 헌팅턴병(Huntington's Disease : HD), 뇌성마비(Cerebral Palsy : CP), 외상성 뇌손상 환자(Traumatic Brain Injury : TBI), 그리고 노화 등의 원인으로 인해 보행상의 손상을 가지고 있는 환자들의 기능 회복과 유지에 효과적이다. RAS는 망상척수로(reticulospinal tract : 망상체에서 척수의 회백질로 이어지는 축색다발로 자세를 유지시키는 운동에 관여하는 근육을 조절한다.)를 지나서 운동척수 뉴런(spinal motor neuron)의 흥분을 증가시켜 근육의 반응 소요 시간을 단축시킨다고 한다.

이 기법은 보통 6단계로 진행되는데 무조건 지켜야 하는 것은 아니다. 클라이언트의 상태에 따라 단계가 통합될 수 있다.

1) 진단 단계로 클라이언트의 신체적 기본 정보와 걸음걸이 상태, 자세, 균형 등을 확인한다.

2) 상태 평가 후 보행훈련을 시작하는데, 최적의 동질화를 위해 클라이언트의 고유한 생리적 리듬과 클라이언트의 걸음 속도에 리듬을 맞춘다.
3) 클라이언트가 수용할 수 있는 범위 내에서 속도에 변화를 준다. 이때 중재자는 제시된 속도에 익숙해지도록 제한적으로 도움을 줄 수 있다. 여기서 도움은 적으면 적을수록 좋다.
4) 클라이언트의 상태에 따라, 보다 자유롭게 빠르기가 변형된 리듬을 사용하여 클라이언트가 보행할 수 있도록 한다.
5) RAS를 없애고 클라이언트가 보행할 수 있도록 돕는다.
6) 클라이언트가 RAS 훈련을 통해 얼마만큼 향상되었는지 확인하도록 한다.

리듬자극은 현장에서 치료사가 직접 메트로놈과 함께 연주하는 방법, 그리고 이미 녹음된 음악을 재생하는 방법 등으로 제시된다. 직접 연주할 경우 리듬자극의 정확성과 통제성이 떨어지는 면이 있으나, 이 방법은 환자와의 음악적 상호작용을 도모하고, 즉흥적인 선곡이 가능하다는 장점을 가지고 있다. 미리 녹음된 음악을 재생하는 것은 정확한 템포의 조절이 가능하고, 재생 기기에 따라 다양한 악기의 음색의 사용이 가능하다는 장점을 갖는다.

패턴화된 감각증진(Patterned Sensory Enhancement, PSE)기법

멜로디, 리듬, 화성, 강약 등의 음악적 요소들을 사용함으로써 시공간적인 패턴으로 만들어 목표로 하는 동작을 유도하는 훈련이다. Thaut에 따르면 청각 리듬의 신호는 신체 균형 잡기나 움직임, 속도뿐 아니라 움직인 거리에도 영향을 미친다고 한다. PSE는 박에 맞추는 것이 아니라 리듬 패턴을 만드는 것으로 패턴의 순서가 필요하고 동작마다 사용 시간이 다르다. 클라이언트들이 일상생활에 필요한 기능적 운동을 다시 배우고 연습하여 사고 전의 생활로 돌아갈 수 있도록 도와주는 것을 목표로 한다. PES는 자연적 리듬이 없는 움직임에 적용이 가능하고, 시간적 신호 이상의 것을 제공해주기 때문에 RAS보다 사용 범위가 광범위하다.

시간적 신호(Spatial Cueing)로는 음악의 속도, 박자, 악센트, 리듬 패턴, 형식이 있는데, 이 중 클라이언트의 움직임 속도의 사용에 주의를 기울인다. 클라이언트의 동작 속도에 따라 음악의 빠르기가 다르게 사용되어야 한다는 것이다. 리듬 패턴은 기능적인 움직임에 리듬 구조를 제공하여 클라이언트가 자신의 신체적 움직임의 시간적 범위를 미리 알려주는 역할을 한다. 예를 들어, 팔을 위로 올렸다 내리는 동작을 수행할 경우, 음악은 시간적 신호로, 3/4박자 혹은 6/8박자는 운동의 시간적 범위를 나타내며, 클라이언트의 운동 단계를 표현한다. 그러므로 클라이언트의 운동 속도에 맞추어 음악의 속도를 제시할 수 있다.

공간적 신호(Temporal Cueing)인 음높이, 음량, 소리의 연속성, 화성을 통해 클라이언트 관절의 공간적 운동능력을 향상시켜 준다. 예를 들면, crescendo와 decrescendo를 두 팔로 나타낸다. 또 상행진행과 하행진행의 멜로디를 사용하여 팔이 올라가고 내려옴을 표현할 수 있다

힘의 신호(Force Cueing)는 대소근육활동을 자극하는데, 하모니와 속도를 사용한다. 하모니의 긴장 또는 이완 진행은 근육의 수축과 완화에 영향을 미친다. 템포의 빠름과 느림 역시 근육의 긴장과 이완을 할 수

있도록 도와준다.

치료목적을 위한 악기연주 기법
(Therapeutic Instrumental Music Performance : TIMP)

TIMP는 치료를 위해 대근육 및 소근육을 충분히 활용할 수 있도록 유도하는 수많은 복잡한 신체 운동 과정인 악기 연주 과정이다. 단순히 운동 요소들만을 향상시키는 것이 목적이다. 이 점이 PSE와 명백하게 다른 점이다. 또한 시각적 신호를 제공하기 때문에 PSE만을 사용할 때보다 효과가 좋다. 클라이언트의 치료 목적과 상태에 따라 클라이언트의 관절 운동, 내구력, 힘, 기능적인 손과 손가락 움직임, 신체 균형과 협응 등에 알맞은 악기, 리듬, 그리고 연주패턴을 설정한다. 그리고 클라이언트의 기능 수준에 알맞게 방향과 속도를 제시한다.

언어훈련(speech and language training)

언어는 언어중추인 Broca 영역, Wernicke 영역과 밀접한 관계가 있다. 먼저 Broca 영역은 조음, 발음과 관계가 깊다. 이 부분이 손상되었을 경우 언어의 이해보다는 발음 패턴이나 조음 형성에 장애가 생긴다. Wernicke 영역은 청각적 감각과 논리적 언어실행에 관계가 깊은데, 이 부위가 손상되면 언어의 이해 및 논리적 표현이 비교적 원활하지 않게 된다. 이 두 영역은 왼쪽 대뇌반구 내에서 연합과 관련된 신경세포들을 통해 연결되어 있다. 음악의 경우는 언어와는 다르게 양측

반구에 걸쳐 널리 분포되어 있다. 좌측 대뇌반구는 주로 음정, 멜로디, 리듬 패턴 등 전반적인 형태를 인식하는 기능이나 음악의 연결과 분석적인 면에 우세하게 관여하고, 우측 대뇌반구는 소리를 종합하거나 정서적인 내용과 다른 비언어적인 소리에 우세하게 관련이 있다. 이는 음악적 자극이 양측 대뇌반구의 교류를 활발하게 할 수 있음을 나타낸다. 좌뇌 손상으로 인한 실어증 환자(Aphasia)에게 말하기 기능을 회복시키기 위해 우뇌를 자극하고, 우뇌손상 환자들에게는 좌뇌를 자극한다. 즉, 좌뇌가 주로 담당하는 리듬, 길이, 시간적 조정과 같은 순차적인(sequential) 요소들을 사용한다. 신경가소성이 활발히 이루어지도록 자극을 하는데, 청각자극은 일차청각영역(primary auditory area)을 경유해서 소리의 언어적 의미를 해석하는 Wernicke 영역으로 가는데, 적절한 말이 결정되면 Broca 영역 주변의 일차운동중추(primary motor area)로 보내지고, 여기에서 발성에 필요한 혀, 목, 성대의 근육들에 신경을 보내는 신경세포들이 선택적으로 활성화된다. 주로 표현 장애를 가진 환자들을 대상으로 사용된다.

  말하기와 노래하기는 거의 같은 신경들을 사용한다. 즉 청각피질과 시상 그리고 뇌간까지 거의 같은 뇌 영역을 사용한다는 것이다. 그리고 호흡기관과 발성기관 역시 거의 같이 사용한다.

  앞의 설명에 의해 만약 클라이언트가 좌뇌의 활동이 제한적이라면, 좀 더 리듬적인 멜로디가 유용할 것이고, 우뇌의 활동이 제한적이라면 좀 더 선율적인 멜로디가 유용할 것이다. 여기에 가사가 포함 된다면 거의 모든 뇌를 활성화시키는 결과를 얻게 된다.

Darrow에 따르면 다음과 같은 기법들이 있다.

1) 선율 억양 치료(Melodic Intonation Therapy : MIT) : 언어향상을 위해 멜로디를 사용하는데, 자발적으로 말하기를 촉진시키기 위해 환자의 손상되지 않는 노래하는 능력을 사용한다. 실어증 환자에게 효과적인데, 먼저 클라이언트에게 알맞은 구어와 유사한 운율과 억양을 가진 노랫말을 읽어주고 노래해 준다. 이때 리듬과 선율의 이용은 클라이언트에 따라 달리 구성한다. 그리고 클라이언트에게 특히 조음이 어려운 부분을 연습한다. 궁극적으로 정상적인 구어 특징을 가지고 발화한 문장이 발생하게 한다. 마지막에는 노래를 반복하여 부르도록 한다. 정확히 발음하여 노래하는 구간이 많아지게 한다.

2) 말하기 자극(Speech Stimulation : STIM 또는 Musical Speech Stimulation : MSS) : 클라이언트에게 아주 익숙한 노래를 사용하여 마치 빈 괄호를 메우는 것처럼, 빠진 가사를 말하도록 유도한다. 실어증 환자, 치매 환자에게 효과적이다.

3) 리듬적인 말하기 신호(Rhythmic Speech Cueing : RSC) : 말의 속도와 말의 시작을 조정하는 리듬적 신호를 활용한다. 이때 리듬적 신호는 예를 들어, 손뼉치기나 북 연주하기로, 적절한 말의 운율에 합당한 속도에서 시작될 수 있다. 일단 리듬 구조가 확립되면 클라이언트는 말을 하도록 요구받는다. 뒤따라 일어난 언어활동 중에도 계속되는 손뼉치기나 연주하기는 말의 속도를 조정하

기 위한 시간적 구조를 제공한다. 구음장애(dysarthria), 유창성 장애를 가진 클라이언트에게 효과적이다.

4) 목소리 억양 치료(Vocal Intonation Therapy : VIT) : 목소리 장애 때문에 발생한 언어적 어려움을 향상시키기 위해서 음조의 변화, 음정, 호흡 조절, 음색, 크기 등 목소리를 조정하는 요소를 훈련한다. 호흡 조절, 목소리 조절, 폐기능 향상에 효과적이다.

5) 치료적 노래 부르기(Therapeutic Singing : TS) : 발화와 발음 그리고 호흡 기능의 향상을 목적으로 하고, 노래 부르기의 반복을 통해 훈련한다. 폐 조절 환자, 발달 지체 아동, 파킨슨병을 앓고 있는 사람들의 목소리 생성을 강화시키기 위해 효과적이다.

6) 구강 운동과 호흡 훈련(Oral Motor and Respiratory Exercises : OMREX 또는 Oral Motor Exercises : OME) : 더 나은 소리 발성, 증가된 호흡 강도, 좀 더 나은 발화의 기능을 성취하기 위하여 입 주위 근육운동기능 향상을 목적으로 한다. 이때 관악기 연주를 활용한다.

인지훈련(cognitive training)

발달장애, 자폐, 주의력 결핍장애, 과잉행동장애, 뇌 손상, 혹은 다른 사회 정서적 결함을 가진 신경손상 환자에게는 인지장애가 항상 동반되므로, 이 훈련이 필요하다. Darrow에 따르면 이 훈련은 주로 치매와 같은 퇴행성 인지장애 환자들을 대상으로 하며, 이들에게 뇌를 사용할 수 있도록 음악을 통한 각성, 음악의 리듬, 감정이입 등을 통하여 증상의 진전을 늦출 뿐 아니라 학습, 집중, 기억에 도움을 준다고 한다. 이는 손상된 뇌 조직 자체는 회복시킬 수 없지만 신경계가 환경에 의해 변화가 가능하며 뇌손상 이후에도 새로운 신경계의 구성과 신경계의 재구성이 가능함을 기초로 이루어진다. 이는 인지가 인간의 학습, 기억력, 사고, 지각, 주의력 등 정신과정의 결과이고 의식적 행동은 이 인지를 기반으로 하기 때문이다. 지금까지 많은 연구들을 바탕으로 모아진 중론에 따르면 보통 뇌간, 변연계, 측두엽, 전두엽에 이상이 생기면 학습, 기억력, 주의력, 집중력, 지각, 성격에 문제가 발생한다고 한다. 이는 곧바로 주의력 결핍과 집중력의 부족, 낮은 조직화 기술, 낮은 기억 능력, 충동, 추상적 사고 감소, 이상 언어 반복, 문제해결 능력의 부족으로 나타난다.

인지훈련을 위해서는 위에서 언급한 뇌의 영역을 활성화시키도록 하는데, 즉흥 연주 하는 자체가 학습이나, 기억력, 주의력, 집중력, 그리고 지각을 모두 필요로 하고, 연주하는 도중에도 얼마든지 정서의 인지로 인한 성격의 변화가 유발될 수 있다.

주의력 향상을 위해서는 주어진 시간 동안 주의력을 유지하도록 하고, 이 시간을 점차적으로 늘려간다. 먼저 클라이언트가 간단한 멜로디나 리듬 패턴을 치료사와 학습하고, 이를 기반으로 변주를 하거나 확장을 꾀하도록 한다. 어느 정도 변주나 확장이 가능해진다면 좀 더 발전된 형태가 될 수 있다. 중재자는 클라이언트와 다른 멜로디나 리듬 패턴을 사용하여 클라이언트가 자신의 연주를 유지하는 것을 방해하고, 클라이언트에게는 계속 자신의 연주를 유지하는 과제를 수행하게 한다. 더욱 변형된 형태로 연주를 구조화한다. 이때 합주나 독주 또는 교대로 연주하는 등 연주 형태는 상황에 따라 규칙을 정할 수 있다.

신경이 손상된 클라이언트는 같은 음이나 같은 리듬 패턴을 집요하게 연주할 수도 있다. 이 경우 클라이언트 스스로 자신의 집요한 음악 행위를 확인하도록 하고, 자신의 연주 가능성을 점검하도록 한다. 그리고 중재자가 반복되는 연주를 하고 클라이언트가 창조적인 연주를 하도록 지지나 요청을 한다.

기억에 있어서는 가사의 내용을 물어보거나, 제시된 리듬을 기억하도록 하는데, 얼마나 정확하게 기억하는지를 평가하여, 내용의 정확도나 정확한 리듬을 기억력을 높이는 데 중점을 둔다. 여기서 단기기억이나 장기기억에 따른 난이도를 잘 구성한다.

Darrow가 소개한 인지훈련 기법으로는 다음과 같은 것이 있다.

1) 청각적 집중과 지각 훈련
 (Auditory Attention and Perception Training)

① 기초 청각적 각성 훈련(Basic Auditory Arousal Training : BAAT) 또는 음악 감각 오리엔테이션 훈련(Music Sensory Orientation Training : MSOT) : Coma 환자에게 청각자극을 주거나, 깨어 있을 때 감각적 자극을 제공한다. 집중력을 유지시킬 때 사용하며 각성반응을 유발시키기 위하여 각성 정도에 따라 알맞은 생음악이나 녹음된 음악을 사용하는 감각자극에서 시작한다.

② 음악적 무시 훈련(Musikal Neglect Training : MNT) : 뇌졸중, 자신의 신체 좌우를 잊어버린 경우 음악 훈련으로 기억하도록 한다.

③ Auditory Perception Training(APT) : 청각적 지각에 있어서 서로 다른 소리를 구분하고, 시간, 속도, 음의 지속 시간, 음정, 음색, 리듬 패턴, 말소리를 포함하는 소리 요소를 인지하도록 요구한다. 상징을 이해하거나 악기 연주하기, 동작 만들기, 음악에 맞춰 춤 추기 등 청각적, 촉각적, 시각적, 운동적인 것 모두를 포함하는 감각 자극을 통합시키도록 클라이언트에게 요구한다.

④ 음악적 집중조절 훈련(Musical Attention Control Training : MACT) : 음악 집중도를 조절하는 훈련으로서 작곡된 곡의 감상이나 즉흥연주를 사용한다. 클라이언트의 필요에 따라 다양한 종류의 집중 기술들을 향상시키기 위해 고안된 활동을 한다.

2) 심리사회적 행동 훈련(Socio-Emtional Behavior Training)으로 음악심리치료와 상담 MPC(Music Psychotherapy and Counseling)기법이 있다. 정서 수정, 고전적 조건화, 조작적 조건화, 사회 학습 등 인지 행동주의적 이론에 기반을 둔다. ① 기분을 유도하고 변화시키며, ② 인지 재교육을 제공하고, ③ 정서적 행동 반응을 훈련시키며, ④ 사회 기술을 훈련시키고, ⑤ 행동 수정을 위한 음악적 유인 훈련을 제공하기 위하여 다양한 영역의 음악을 사용한다. 대표적 음악 활동으로 유도된 감상, 그리고 작곡된 곡 및 즉흥연주곡을 사용한 능동적 음악 연주를 생각해 볼 수 있다. 음악 활동에 참여함으로써 클라이언트는 향상된 심리사회적 능력을 촉진시키는 충동 조절과 기분 조절 능력을 개발시키

는 기회를 갖게 될 뿐 아니라, 적절한 감정 표현과 사회적 상호작용을 할 수 있게 되고, 인간과 시간과 장소를 올바로 인식하게 된다.

3) 수행 기능 훈련(Executive Functions Training)으로 MEFT(Musical Executive Functions Training)기법이 있는데, 조직화, 문제해결하기, 결단하기, 논리적으로 생각하기, 이해 능력향상 등을 훈련할 수 있도록 하기 위해 즉흥연주와 음악작품을 사용한다. 음악활동에서 창조적 표현을 도모하며, 적절한 감정 표현을 허용하고 사회적 상호작용을 지지한다.

4) 기억 훈련(Memory Training):
① 모방적 기억술로 감각 정보의 즉각적인 회상을 강조한다. 예를 들어 치료사가 건반에서 두 개의 음을 연주하고, 그 소리가 같은지 다른지를 클라이언트에게 질문한다.
② 절차적 기억술로 이전에 학습하였던 규칙과 기술을 기억하도록 하는 데 초점을 맞춘다. 예를 들어 치료자가 건반에서 간단한 화성 진행을 연주하고, 얼마 후 다시 한 번 연주한다. 클라이언트는 이 절차가 같은지, 혹은 변화되었는지를 알아차려야 한다.
③ 서술적 기억술로 상징적 정보를 해독하는 데 필수적인 어의(語義)에 관한 기억력과 일화(episode)적인 기억력을 가르친다. 이는 노래의 내용을 분석하고 기억한다.
④ 연상적 기분과 기억 훈련(Associative Mood and Memory Training : AMMT): 먼저 회상을 촉진시키는 기분을 정립하고, 그다음으로 기억과 연합된 기분을 유발시켜 기억에 직접적으로 접근하고, 마지막으로 학습과 회상에 긍정적 기분이나 정서적 상태를 유발시킨다. 여기

서 처음 두 가지 목적에서는 클라이언트의 과거 경험과 학습이 일어날 때의 기분 상태에 기초를 두고 최초로 학습하였을 때 느꼈던 기분이 AMMT를 통해 다시 느껴지게 될 때, 과거에 학습하였던 자료는 더욱더 잘 회상될 수 있다. 또한 학습을 시도하기 이전에 긍정적인 기분이 확립될 때, 새로운 학습과 회상은 좀 더 잘 발생할 수 있다.

참고 문헌

김성기(2012). 음악 그리고 음악치료. 경기: 지식공감

Babara, K. (2013). Rhythmus und Körper: Reihe Musik und Bewegung. Re Di Roma – Verlag

Baker, F. & Tamplin, J. (2006) Music Therapy Methods in Neurorehabilitation. 최병철, 정은주, 김지연 역(2011). 신경재활음악치료. 하나의학사

Benenzon, R. O. Einführung in di Musiktherapie.

Darrow, A. A. 김영신 역(2006). 음악치료접근법. 서울: 학지사.

LeDoux, J. E. (1998) Das Netz der Gefühle

Frohne-Hagemann, I. Ö (1999) Musik und Gestalt. Klinische Musiktherapie als integrative Psychotherapie. Vandenhoeck & Ruprecht.

Gruhn, W. (2008) Der Musikverstand: Neurobiologische Grundlagen des musikalischen Denkens, Hörens und Lernens

Jourdain, R. (1998). Das wohltemperierte Gehirn: Wie Musik im Kopf entsteht und wirkt. Spektrum

Kolb, B., & Gibb, R. (1999). Neuroplasticity and Recovery of Function After Brain Injury. In D. T. Stuss, & G. Winocur (Eds.), Cognitive Neurorehabilitation. (pp. 9-25). New York : Cambridge University Press.

Kolb, B. (2004). 'Mechanisms of cortical plasticity after neuronal injury.' in J. Ponsford (Ed.) Cognitive and Behavioral Rehablitation : From Neurobiology to Clinical Practice. New York : Gilford Press.

Lüer, R. (2013). Gefühlte Töne : Die heilsame Kraft der Musik in der musiktherapeutischen Praxis: Überlegung zu musiktherapeutischen Ansätzen in der Psychosomatik. Grin Verlag

Mateer, C. A., & Kerns, K. A. (2000). Capitalizing on Neuroplasticity. Brain and Cognition, 41(1), 106-109.

McIntosh G. C., Brown S. H. & Rice R. (1997). Rhythmic auditory-motor facilitation of gait patterns in patients with Parkinson's disease. Journal of Neurology, *Neurosurgery and Phychiatry, 62,* 22-26.

Nudo, R. J., Barbay, S., & Kleim, J. A. (2000). Role of Neuroplasticity in Functional Recovery After Stroke. In H. S. Levin and J. Graffman (Eds.), Cerebral

Reorganisation of Function After Stroke (pp. 168-200). New York : Oxford University Press.

Mateer, C. A., & Kerns, K. A. (2000). Capitalizing on Neuroplasticity. *Brain and Cognition, 41*(1), 106-109.

Spitzer, M. : (2005) Musik im Kopf : Hören, Musizieren, Verstehen und Erleben im neuronalen Netzwerk. Schattauer

Stein, D. G. (2000). Brain Injury and Theories of Recovery. In A. L. Christensen, in B. L.Uzzell, (Eds.). International Handbook of Neuropyschological Rehabilitation. Critical Issues in Neuropsychology (pp. 9-32). New York, US : Kluwer Academic/Plenum Publishers.

Strobel, W. & Huppman, G. Musikitherapie Grundlagen Formen Möglichkeiten

Thaut, M. H. 차영아 역.(2009) 리듬, 음악 그리고 뇌. 서울: 학지사.

Thaut, M. H. (2010). Neurologic music therapy in cognitive rehabilitation. *Music Perception : An Interdisciplinary Journal, 27*(4), 281-285.

Thaut, M. H. (1999). Training manual for neurologic music therapy. Unpublished manuscript, Center for Biomedical Research in Music at Colorado State University at Fort Collins.

Thaut M. H., Peterson, D. A. & McIntosh G. C. (2001). Oscillatory synchronization pattern in frontotemporal cortical circuits during nonverbal auditory working memory. Proceedings of the Society for Neuroscience.

음악치료기술 제4장

성악치료

Music Therapy

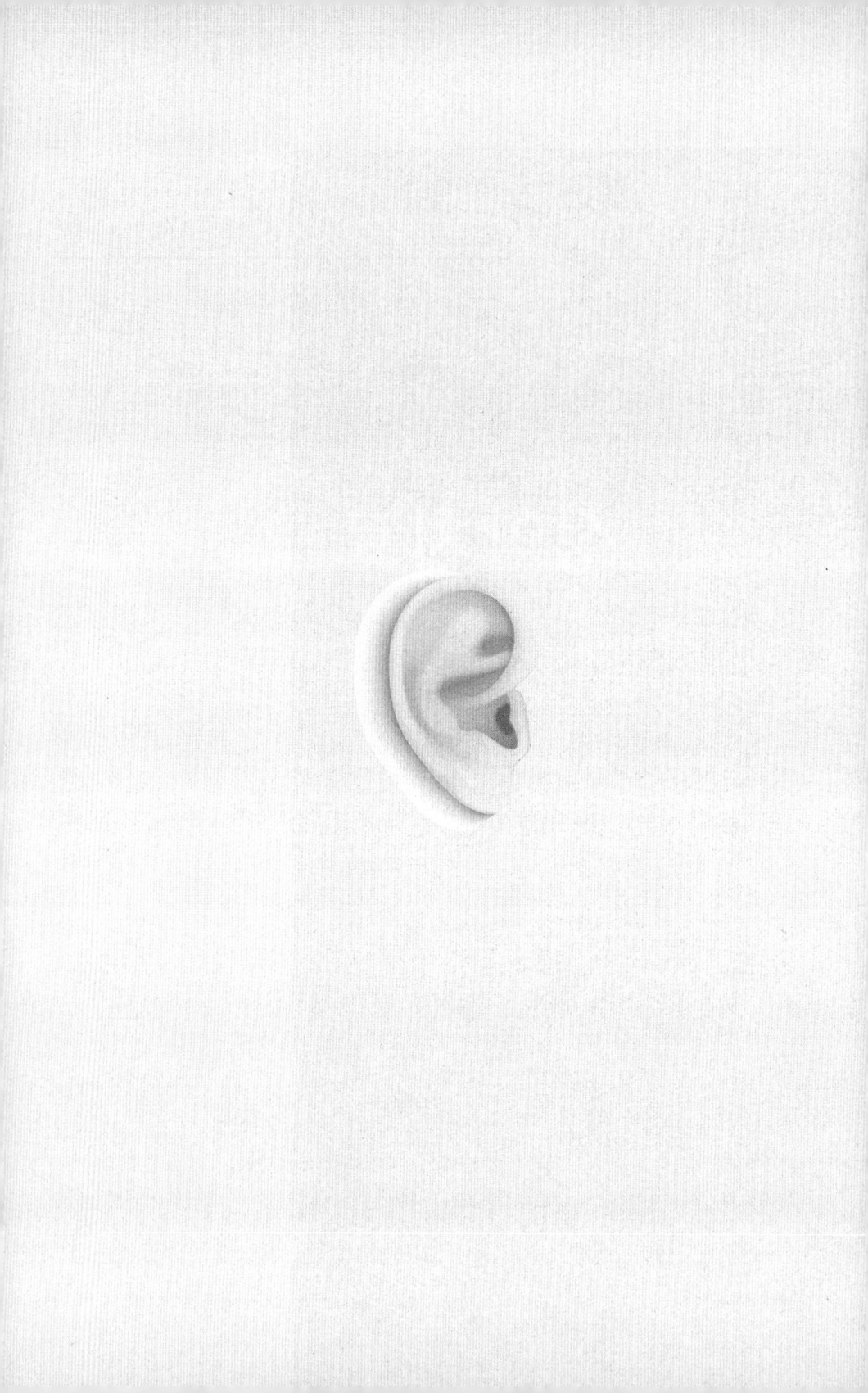

1. 노래심리치료(Song Psychotherapy)

노래는 음악치료에서 다양한 방법으로 사용된다. 노래는 인지적 영역인 언어와 감정적 영역인 음악의 결합으로 이루어진다. 따라서 노래는 인간의 감정과 정서, 인지영역에 고루 영향을 미치는 특별한 도구로, 개인의 생각과 느낌에 대한 표현을 보다 풍부하게 해주고, 좀 더 쉽게 감정과 생각의 변화를 이끌어 낼 수 있는 장점이 있다. 노래심리치료는 노래의 가사 또는 멜로디, 화성, 리듬 등의 음악적 특징을 이용하여 클라이언트의 의식과 무의식, 내적 갈등을 노래 안에 자연스럽게 투사하도록 유도하면서 자신의 내면 문제들을 확인·해결해 가는 과정에서 효과적이다. 특히 노래는 인간의 목소리를 이용한다는 점에서 심리적·치료적으로 의미가 있다. 목소리란 인간의 정신적, 심리적인 정체성을 가지므로, 자신의 음성으로 직접소리를 내거나 노래를 부르는 작업은 자기 정체성의 표현과도 같다. 따라서 음악치료에서는 목소리 사용을 통한 정체성 확립과 표현에 치료적 목표를 둔다. 치료사들은 클라이언트가 자신의 음색과 음역을 탐색하고 평가 없이 그 자체로서 받아들이게 하며 외부로 최대한 많이 표현할 수 있도록 격려할 필요가 있다.

노래를 이용한 치료적 접근은 치료 목적에 따라 음악과 언어 중 어디에 더 큰 비중이 있느냐에 따라 달라진다. 노래치료는 크게 두 가지로 나뉘는데, 대중가요 등을 이용한 음악심리치료의 한 방법으로 가사를 중심으로 하는 접근과, 작사나 개사를 통해 만들어진 곡을 직접 노래하는 방법이 있다.

- **전통적 노래활동**(Traditional singing)

개인 혹은 단체로 노래를 부르는, 이른바 전통적인 노래 부르기 활동을 통하여 다양한 치료적 목적을 성취할 뿐만 아니라 여가생활의 방법을 제공해 주는 활동이다. 재창조 노래활동이라고도 한다.

- **변형적 노래활동**(Transferent singing)

노래의 가사나 리듬, 멜로디, 형식 등을 변형하여 인지적 및 심리적 변화를 추구하는 활동이다. 치료적 노래 만들기(Songwriting) 기법이 대표적이다.

- **즉흥적 노래활동**(Improvisational singing)

클라이언트의 무의식을 덮고 있는 표층(persona)을 의식 개입 이전의 즉흥적 작업을 통해 제거하고 감정적 주제를 외부세계로 분출해 내도록 돕는 활동이다. 목소리 즉흥연주, 노래 즉흥연주, 즉흥동작 등으로 구성된다.

- **표현적 노래활동**(Expressional singing)

미술, 문학, 악기 등 다양한 표현 매체와 노래를 접목하여 더욱 풍부한 심리적 역동성을 이끌어 내도록 하는 활동이다.

- **연상적 노래활동**(Associative singing)

노래 부르기 이전과 이후에 연상되는 내용들을 통해 내면세계를 분석하고 이해하는 활동이다.

- **분석적 노래활동**(Analytical singing)

기존 노래 속의 가사 내용을 근거로 하여 자기 문제를 확인하고 수용하도록 도우며, 나아가서 문제해결 방법의 단서를 찾고 실행하며 지속하도록 돕는 활동이다. 가사 분석(Lyric Analysis) 기법이 대표적이다.

치료적 노래 만들기

치료적 노래 만들기(Songwriting) 기법은 음악치료 세션에서 가장 많이 사용하는 창작적 경험 가운데 하나이다. 이 기법은 치료적인 목적으로, 치료사와 클라이언트가 노래를 함께 만들어가는 작업을 의미한다. 이미 만들어진 곡의 가사를 일부분, 혹은 전체를 수정해서 새로운 곡으로 만든다. 치료적 노래 만들기를 통해 치료사는 클라이언트에 대한 정보를 얻을 수 있고, 클라이언트는 관심과 감정에 대한 수단을 제공받을 수 있다. 치료적 노래 만들기는 음악과 언어를 통해 구체적인 자기표현을 가능케 한다. 치료적 노래 만들기에 사용되는 음악은 생각과 감정 표현을 위해 유연하고 조직적인 음악이어야 한다. 이은미(2002)는 구체적이고 적절한 표현을 담고 있는 가사를 포함한 노래를 이용하는 것은 환경과 효과적으로 접촉하고 구체적 현실들과 자신에 대한 이해도를 높이는 데 중요하다고 강조하였으며, 클라이언트가 자신의 문제를 잘 표현한 노래를 들으며 자신의 생각을 말하게 하는 것은 현재 상황을 명확히 인식하는 데 도움이 된다고 하였다.

치료적 노래 만들기는 클라이언트에게 성취감을 경험하게 하며(Abad, 2003; Robb & Ebberts, 2003), 자존감을 향상시킨다(Hadley, 1996; Kennelly, 1999; Ledger, 2001). 또한 치료적 노래 만들기는 클라이언트의 불안, 분노, 긴장 감소에 도움을 주며(Robb & Ebberts, 2003; Slivka & Magill, 1986; Turry, 1999), 대처 능력을 증진시키고(Robb & Ebberts, 2003), 타인과의 긍정적인 상호작용을 향상시킨다(Abad, 2003; Robb, 1996; Slivka & Magill, 1986).

(1) 치료적 노래 만들기의 목적

치료적 노래 만들기에는 다양한 대상에게 다양한 목적으로 사용할 수 있다. 예를 들면, 아동에게는 치료적 노래 만들기를 통해 학습기술을 증진시킬 수 있다(Fischer, 1991; Gfeller, 1987). 정서적 어려움을 겪는 청소년에게는 표현력 증진과 자아존중감의 향상을 위하여 치료적 노래 만들기를 적용할 수 있다(Edgerton, 1990; Goldstein, 1990; Lindberg, 1995; Robarts, 2003). 성인에게는 표현력 증진(Glassman, 1991; O'Callaghan, 1990/1996), 문제해결 기술과 통찰력의 개발(Glassman, 1991; Montello, 2003), 심리정서적 지지(Freed, 1987; O'Callaghan, 1990/1996), 사회교류기술 향상(Ficken, 1976; Silber & Hes, 1995) 등을 위하여 치료적 만들기를 적용할 수 있다.

치료적 노래 만들기는 일반적으로 다음과 같은 목적을 가지고 활동할 수 있다(최병철, 2002).

- 자기개념 발달 및 자기 탐구
- 자기표현 기술 발달
- 문제해결 기술 향상
- 대처 기술 및 적응력 향상
- 다른 사람과의 관계 발달 및 관심 증진
- 그룹 응집력
- 자긍심 향상
- 의사소통 기술의 발달/재발달
- 인격 요소 회복
- 개인 이슈 통찰
- 인생 회고
- 인지능력의 발달/재발달
- 기타 다른 치료적 목적

(2) 치료적 노래 만들기의 기본 기법

치료적 노래 만들기는 크게 네 가지 기법으로 나눌 수 있다. 각각의 기법을 살펴보면 다음과 같다.

① 빈칸 채우기 기법(Fill-in-the-Blank Techniques)

빈칸 채우기 기법은 클라이언트에게 친숙한 노래를 활용하여, 가사의 일정 부분에 빈칸을 두고 그곳에 클라이언트의 생각을 넣어 함께 불러보는 방법이다. 빈칸 채우기 기법은 단순한 생각들을 넓히고 조직하는 데 어려움이 있는 클라이언트에게 분명한 구조를 제공해주며, 치료 초기에 있는 클라이언트에게는 가사 작성의 방향을 제시해 준다.

② 노래 모방 기법(Song Parody Techniques)
노래 모방 기법은 기존 곡의 모든 가사를 클라이언트가 제시한 가사로 완전히 바꾸어 부르는 기법이다. 즉, 일정 부분에만 빈칸을 두는 빈칸 채우기 기법과는 달리, 기존 곡의 가사 전체를 새로운 가사로 변형시키는 것이다.

③ 노래 콜라주 기법(Song Collage Techniques)
노래 콜라주 기법은 미술의 콜라주 기법[11]을 음악치료에 도입한 것이다. 클라이언트는 악보나 CD 커버 안의 가사집 등 기존 곡의 가사나 문장을 살펴본 뒤, 의미 있는 단어나 문장을 가사 속에서 찾아 구성해 본 뒤 함께 노래 부르는 활동이다. 이때 치료사는 클라이언트가 자유롭게 자신이 생각하기에 필요한 단어로 바꾸거나 새로운 문장을 가사에 첨가하는 것을 허용해야 한다.

④ 운율 기법(Use of Rhyme Techniques)
운율 기법은 치료사가 가사 중 핵심단어를 찾아, 클라이언트에게 핵심 단어와 비슷한 운율을 갖는 다른 단어들을 자유연상하게 한다. 클라이언트가 자유연상한 단어들을 가지고 가사를 개사한다. 개사를 할 때, 가사의 내용이 새로운 생각과 결심을 불러일으키도록 활용하

---

11 콜라주란 사진, 신문, 광고 등의 조각을 맞추어 선과 색을 배합하여 새로운 창작물을 만드는 미술 기법을 말한다.

여야 한다.

(3) 치료적 노래 만들기의 단계

노래심리치료로서의 치료적 노래 만들기에 대해 다음과 같이 5단계로 살펴볼 수 있다(김종인, 2010).

제1단계 : 쟁점 및 핵심감정 토의

노래심리치료의 첫 번째 단계는 클라이언트와 함께 핵심 쟁점을 토의하는 것이다. 현재 어떤 문제를 갖고 있는지 진정으로 이루고 싶은 소망이 무엇인지, 자신의 소망에 따라 생활하고 있는지, 정서적으로 어떤 문제를 갖고 있는지, 마음을 불편하게 만드는 사람이 있는지 등을 질문할 수 있다.

제2단계 : 치료적 글쓰기 및 선곡

클라이언트의 핵심 쟁점이 결정되면 이를 주제로 하여 크게 두 가지 형태로 치료중재를 하게 된다. 첫째는 치료적 글쓰기이며, 두 번째는 선곡 작업이다. 치료적 글쓰기란 대상자의 개인의 정서와 심리적 쟁점들을 문장으로 만드는 작업을 의미한다. 노래의 특정 부분에 빈칸을 넣어 자신의 생각을 넣어 부르도록 하거나(빈칸 채우기), 노래의 원 가사 내용을 한 줄 혹은 그 이상 바꾸어 보도록 하거나(개사), 자신의 감정과 생각을 시나 문장의 형태로 표현해 보도록 할 수 있다(작시 및 작문). 두 번째 형태인 음악 선정 작업은 클라이언트가 부르고 싶은 곡이나 자신의 문제와 가장 비슷한 내용을 담은 곡을 선택하도록 하여 여러 가지 심리적 문제에 접근해 갈 수 있도록 하는 과정이다. 이렇게 클라이언트의 정서수준과 동질한 음악을 듣거나 부름으로써 본격적인 중재의 기초를 마련하게 된다.

제3단계 : 음악적 중재

- 치료적 글쓰기 이후의 중재

클라이언트의 핵심적인 쟁점이 담겨 있는 시나 문장에 멜로디를 붙여서 하나의 곡으로 완성할 수 있다(치료사의 곡 붙이기). 또 기존 곡의 멜로디나 주요 리듬 패턴, 악기 편성 등을 재구성하여 새로운 느낌의 곡을 만들어 보는 것도 좋다(노래 변형). 때때로 음악적 배경이 있거나 기능이 좋은 대상자의 경우에는 완성된 문장에다 자신이 직접 멜로디와 가사를 붙여 노래를 완성할 수도 있다(작곡). 이와 같은 음악적 중재 이외에도 배경음악을 틀어놓고 미리 작성한 글을 낭송한다거나, 리듬 패턴에 넣어 찬트 형식으로 불러 보거나, 랩이나 시조 가락으로 만들어 표현하도록 할 수도 있다.

- 선곡 이후의 중재

치료사는 클라이언트와 함께 핵심문제나 감정을 파악하여 음악을 선곡한 다음 그 가사 내용을 면밀히 토의하고 분석하거나(노래분석), 감상을 통해 클라이언트의 쟁점과 관련된 심상을 마음속에 불러일으킬 수 있다(심상탐색). 노래는 주로 대중가요를 많이 사용하는데, 그 이유는 공감할 수 있는 폭넓은 소재를 담고 있기 때문이다. 노래를 함께 부른

다음 노래의 가사 중 어떤 부분이 공감이 가는지, 어떤 부분이 자신의 생각과 다른지, 가사의 내용 중 바꾸고 싶은 부분은 없는지를 토의한다. 이 과정은 클라이언트가 자신의 문제를 객관화시키고, 문제에 대한 관점을 전환시키기 위한 것이다. 반면, 음악 감상활동을 통해 심상탐색을 하는 경우 주로 가사가 없고 화성과 악기편성이 풍부한 고전 기악음악을 주로 활용한다. 구체적인 절차와 치료사의 언어적 인도 기법은 음악자유연상과정과 동일하다. 클라이언트가 긴장 이완을 거쳐 몰입을 경험하게 되면 치료사는 클라이언트로 하여금 자유롭게 자신의 내면을 탐색해 보도록 지시한다. 일단 무의식으로부터 불러일으켜진 내용들은 시각·청각·촉각적 이미지로 구체화시켜 느끼도록 심상화시킨다.

제4단계 : 언어명료화 및 패러다임 전환

지금까지의 과정을 언어와 문장으로 정리하고 분석하는 과정이다. 이러한 과정을 통해 클라이언트 자신이 현재 갖고 있는 문제들과 이상 감정에 대해 새롭게 인식하게 된다. 이를 인지의 재구성이라고 한다. 치료과정을 통해 밝혀진 클라이언트의 문제점과 소망, 장점 등을 문서에 명시하여 그에게 제공하면 해결책과 결심을 기억하는 데 도움이 된다.

제5단계 : 토의 및 나눔

치료사와 클라이언트는 서로의 느낌과 의견을 나눈다. 특히 이 단계에서 치료사는 노래심리치료 전 과정 속에서 갖게 된 문제에 대한 해결책을 클라이언트에게 제시할 수 있다. 마지막으로 클라이언트의 새로운 패러다임과 결심에 대해 칭찬하고 격려한다.

가사 분석 및 토의

노래 분석, 노래기반 토의, 노래 의사소통, 노래 토의, 노래 회상 등으로도 표현되는 기법이다. 음악치료에서 가사 분석이란 가사 속의 상징, 은유, 비유 등을 통해 인식하지 못하였거나 회피하였던 감정과 생각들을 수용하고 받아들이는 작업이다. 가사가 있는 노래를 통해 외부 세계에서의 개인의 경험과 그로 인한 감정들을 음악치료 현장으로 끌어들이는 역할을 하는 것이다. 가사 분석은 클라이언트가 선호하는 장르와 음악가를 즐길 수 있는 기회를 제공하며, 어려운 감정을 음악가와 노래 가사에 투사하여 표현하고 토의함으로써 투사기법을 촉진시킨다. 또한, 음악을 촉매로 적절한 이슈들을 논의할 수 있도록 한다.

가사 속에는 인간과 관련된 모든 측면, 기쁨과 슬픔, 분노, 불안, 사랑, 좌절 등의 감정이 담겨있기 때문에, 복잡하고 다양한 무의식 속의 동기와 요소들이 가사에 투사되어 자신의 내면적 문제를 간접적으로 직면할 수 있다. 또한 가사의 내용을 분석하고 토의하는 과정에서 자신의 문제를 또 다른 시각에서 바라볼 수 있는 틀이 형성된다. 특히 노래가 가지는 각인작용으로 인해 가사 속에 자신의 장점과 단점, 핵심 문제, 결심, 해결책, 소망 등을 넣어 부름으로써 그 내용과 의미를 마음에 담을 수 있다. 가사를 통해 클라이언트는 자기의 현재 상황과 문제들을 노래 안에서 동일시하게 하고, 스스로를 어떻게 왜곡되게 파악하고 있는지를 알 수 있도록 도와준다. 가사 토의 과정은 클라이언트의 통찰력(insight)이 촉진되며, 스스로 선택하고 자기를 표현할 수 있는 기회를 제공한다. 또한 클라이언트가 현재의 이슈에 대한 자신의 감정을 이해하도록 돕는다.

선곡은 치료 과정에 따라 세 단계로 나누어질 수 있는데, 첫 단계에서는 치료사와의 긍정적인 관계, 즉 마음을 열고 진실하게 이야기를 나눌 수 있는 신뢰감 형성에 중점을 두고, 가사나 멜로디가 단순하여 누구나 쉽게 따라 부를 수 있고 좋아할 수 있는 곡들로 선택한다. 두 번째 단계에서는 개인의 정서나 심리적 이슈들을 찾아가고 확인하는 데에 목표를 두고 다양한 소재의 곡들을 선택하여 여러 가지 문제들에 접근할 수 있도록 한다. 세 번째 단계에서는 확인된 문제들을 정리하고 해결할 수 있는 노래들을 선택하여 스스로 부정적인 감정들을 처리하고 자신의 문제에 대해 통찰한 뒤, 긍정적인 자아상을 만들어 가도록 돕는다. 클라이언트가 내면적 문제를 가장 잘 표현한 노래를 선곡하고 들으면서 클라이언트의 반응이나 통찰을 유도하는 도구로 노래를 사용해야 한다.

가사 토의에서 치료사는 질문을 제시하여 노래에 대한 토의를 자극할 수 있다. 그룹치료에서는 그룹의 분위기가 지지적이고 균형 잡힌 질문이 가능한 구성원으로 이루어질 경우, 자유토의도 가능하다. 질문은 치료의 단계에 따라 달라질 수 있다. 일반적으로 초기 단계나 활동 중심의 치료에서는 음악에 대한 질문을 한다. 통찰 지향적인 치료에서는 노래의 감정에 대한 질문을, 재구조화 단계의 치료에서는 노래의 의미, 자신과의 연관성 등으로 확장시킬 수 있다. 치료사는 클라이언트가 적절한 단계와 깊이로 토의에 접근하고 참여할 수 있도록 주의 깊은 질문이 필요하다.

- **음악에 대한 질문** : 치료사는 클라이언트가 선호하는 장르나 연주자에 대한 정보를 물어볼 수 있다. 또한 클라이언트가 노래 가사를 탐색하고 싶어하는지 여부를 파악할 수 있다.

  예) 이 노래의 어떤 점이 좋습니까? / 연주자에 대해 어떻게 생각합니까?

- **노래의 의미에 대한 질문** : 치료사는 클라이언트에게 노래의 의미나 클라이언트에 대한 정보에 대해 질문할 수 있다.

  예) 노래의 가사 중에서 특별히 의미 있게 다가온 부분이 있습니까? 그렇다면 어떻게 다가왔습니까? / 노래가 (가사가 아닌) 다른 방면으로 의미 있게 다가왔습니까? 그렇다면 어떻게 다가왔습니까? / 노래가 인생에서의 특별한 누군가 혹은 특별한 사건을 떠오르게 했습니까?

- **연관성에 대한 질문** : 치료사는 노래와 클라이언트가 연관되는 점들에 대해 질문할 수 있다.

  예) 노래를 듣는 중에 지금의 인생과 연관시킬 만한 것이 있었습니까?
  오늘 왜 이 노래를 가지고 오셨습니까?
  노래가 어떤 기분을 들게 합니까?
  노래를 들었을 때 어떤 생각 혹은 이미지가 떠올랐습니까?

- **토의의 확장** : 그룹치료의 경우 아래의 예시와 같은 질문으로 토의를 확장할 수 있다. 단 그룹원의 성향이 지지적일 경우에 효과적이며, 부정적이거나 다른 사람의 표현에 둔감 혹은 빈정거린다면 클라이언트가 스스로 선택해온 노래와 그 의미를 대하는 태도에 부정적인 영향을 끼칠 수 있다.

예) 여기 계신 다른 분들께서는 이 노래에 대해 어떻게 느끼셨습니까?
　　노래에서 표현하고 있는 다른 의미가 있습니까?
　　노래에 대해 더 말할 것이 있는 분 계십니까?

가사 토의 세션에서는 다음과 같이 확장하여 적용할 수 있다.

- 능동적인 음악 만들기
- 음반을 들으며 노래 따라 부르기
- 치료사의 반주에 노래 따라 부르기
- 노래 가사 토의를 통한 친밀감 형성
- 즉흥연주
- 노래 만들기

노래 의사소통의 방법
1. 클라이언트에게 치료와 연관성 있으면서 자신에 대한 것을 드러낼 수 있는 노래를 가져오도록 요구하거나 치료사가 선곡한다.
2. 함께 음악을 듣는다.
3. 클라이언트나 그의 인생 또는 치료 주제에 대하여 음악이 이야기하고 있는 것을 살펴본다.

노래 토의의 방법
1. 치료사가 노래를 제시한다. 이때 제시되는 노래는 치료적인 연관성 있는 주제를 토의하기 위한 출발점으로 작용할 수 있는 노래여야 한다.
2. 함께 음악을 듣는다.
3. 대화를 통해 노래 가사가 가지는 의미를 분석한다.
4. 가사가 클라이언트나 그의 인생에서 가지는 연관성에 대해 검토한다.

노래 가사 토의의 방법
1. 클라이언트가 노래를 선택한다
2. 함께 음악을 듣는다.
3. 노래에 대하여 토의한다. 토의 내용은 노래가 어떤 의미를 가지고 있는지를 중점적으로 한다.
4. 노래 가사를 분석한다.

음악인생회고(Song History)

음악인생회고란 클라이언트의 인생 여정을 표현해주는 중요한 노래들을 따라가는 기법을 말한다. 클라이언트는 본인의 인생에 있어서의 중요한 순간들을 떠올리고, 그 순간을 대변할 수 있는 노래를 선곡하여 치료사와 함께 듣고 이야기를 나눌 수 있다. 이 기법은 클라이언트가 스스로 음악을 들려주고, 음악에 따른 부연 설명과 이유를 직접 말하며 자아존중감이 향상될 수 있다. 또한 선곡을 통해 과거를 회상하고 기억하면서, 인지적인 자극은 물론 삶의 질을 높일 수 있다. 그룹 세션에서 음악인생회고를 사용할 시 그룹원 사이에 친밀감이 증진하고 그룹역동이 일어나며, 그룹원들의 공감능력이 향상될 수 있다.

음악인생회고는 다양한 방법으로 적용할 수 있다. 음악인생회고에서 선곡된 노래들을 녹음하게 될 경우, 자전적이며 치료적인 이야기의 음반이 만들어질 수 있다. 가능하다면 클라이언트가 직접 연주하거나 노래를 할 수도 있다. 혹은 그러한 모습을 동영상으로 촬영하여 기록할 수 있다. 특히, 노인의 경우 클라이언트의 이러한 음악인생회고 음반이나 영상이, 클라이언트 일생을 대변하는 기록물이 될 것이다. 이는 클라이언트의 삶의 기록으로 훗날 클라이언트의 가족들에게 의미 있는 자료가 될 수 있다.

음악인생회고에서 다루어지는 주제들은 일반적으로 인생을 대표하는 노래이다. 어린시절, 학창시절, 청소년기, 연애, 결혼, 출산, 위기나 어려움, 기념일, 현재의 경험 등을 주제로 선곡할 수 있다.

〈음악인생회고 선곡 예〉
- 어린 시절, 혹은 부모님을 생각나게 하는 노래
- 연애했던 때를 생각나게 하는 노래
- 가장 행복했을 때 들었던 노래나 그때를 떠올리게 하는 노래
- 힘들었을 때/슬펐을 때/고통스러웠을 때 들었던 노래나 그때를 떠올리게 하는 노래
- 나의 현재를 나타내는 노래

2. 성악심리치료(Vocal Psychotherapy)

목소리 즉흥기법(Vocal Improvisation)

 목소리 즉흥기법이란 노래, 언어 모두 목소리를 사용하는 심리치료 기법이다. 즉흥은 자발성을 요구하는데, 이는 역동적인 역할을 한다. 인간은 자발적일 때 내면에서 나오는 충동을 허용하고 자신을 그대로 표현할 수 있기 때문이다. 목소리 즉흥기법의 가장 중요한 목적은 긴장을 이완시키고 자신의 문제를 직면시키는 데 있다. 목소리 즉흥기법은 클라이언트가 갖고 있는 내면 갈등을 소리와 동작을 통해 표현함으로써 해소시키고자 한다. 이 기법에서 치료사는 클라이언트가 소리를 통해서 자신의 내면갈등에 직면할 수 있도록 해야 하며, 그러기 위해서 치료적으로 의미 있는 소리나 동작에 대해서는 정지, 반복, 과장을 하도록 해야 된다. 클라이언트는 이렇게 자신의 즉흥적 행동을 반복하거나 정지함으로써 무의식적 차원을 의식적 차원으로 끌어올리는, 이른바 의식화 과정의 일부를 경험하게 된다.
 목소리 즉흥기법은 다음과 같은 세 가지의 개념에서 전개된다. 첫째, 목소리 즉흥기법은 지금-여기에 진행되는 경험이다. 둘째, 목소리 즉흥기법은 소리나 단어를 사용한 놀이를 통해 억압되고 왜곡된 무의식을 의식화하기 위한 연결고리이다. 셋째, 목소리 즉흥기법은 상징적인 언어이다.

치료사는 클라이언트로 하여금 평소에 내지 않던 소리를 내도록 격려하고, 그 소리를 지속적으로 개발시키는 촉진자의 역할을 한다. 필요하다면 클라이언트에게 지지하는 말을 해줄 필요가 있다. 그러나 치료사는 이러한 언급이 클라이언트의 즉흥성을 저해하지 않도록 유의해야 한다. 치료사는 클라이언트가 자유롭게 즉흥적으로 소리 내기 시작할 때 소리가 작아지거나 희미해지지 않도록 지속적으로 독려해야 하며 최대한 즉흥적인 소리를 살리고 확장시킬 수 있도록 해야 한다. 인지·정서·신체 영역의 총체적인 발현을 통해 클라이언트의 긴장도가 해소되고 행동 패턴이 변화될 수 있다는 것을 기억해야 한다.

치료사는 클라이언트의 즉흥 소리를 최대한 발전시켜 과장되게 표현할 수 있도록 하되, 그 정점에 다다랐다고 판단될 때에는 그 소리나 동작을 변화나 변형시키도록 지시한다. 이때 주의할 점은 즉흥성을 강조해야 한다는 점이다. 즉 미리 결정해 둔 소리나 동작으로 변형시키는 것이 아니라 어떠한 예측성도 배제한 채 즉흥적으로 변형시키도록 한다.

즉흥연주 작업이 끝난 뒤에 치료사는 클라이언트와 함께 작업 도중에 느낀 생각이나 느낌, 몸의 변화 등을 서로 이야기한다. 이때 자유롭게 자신을 표현하도록 하되, '나는…….'의 문장으로 표현하도록 한다. 이것은 형태주의(Gestalt) 치료적 대화 패턴에 따른 것으로 자신의 감정이나 인지 상태, 신체적 반응을 보다 정확히 자각할 수 있도록 도움을 준다.

보컬 홀딩 기법(Vocal Holding Technique)

다이앤 오스틴(Diana Austin)이 창시한 보컬 홀딩 기법은 사람의 성장 과정에 연관시킨 성악적 경험을 바탕으로 한 음악치료 기법이다. 이 기법은 인간이 태어나 엄마의 품에서 자라나서 성장하게 되면 그 품에서 떠나 자립하게 되는 인생의 전 과정에서 착안한 것이며, '자율성의 촉진'과 '정서적 관계의 향상'을 그 목적으로 하고 있다. 보컬 홀딩 기법은 성악 즉흥연주를 통해 자발성과 감정적 관계를 촉진시키기 위한 지속적이고 안정된 음악적 환경을 조성하는 것이다. 구체적인 치료 단계 및 코드 진행 과정을 살펴보면 다음과 같다.

1) 1단계 : 하나가 되는 경험(Unisoning)

이 단계는 유아 시절의 엄마(치료사)와 아기(클라이언트)의 관계를 재경험하도록 하는 방법이다. 이 기법에서 치료사는 좋은 엄마의 역할이며, 이를 통해 클라이언트로 하여금 안정되고 일관성이 있는 상징적 엄마와 융합하는 회복의 경험을 하도록 한다. 단, 이 기법에서 클라이언트가 불안감을 느낄 수 있음에 주의하여야 한다. 치료사 자신이 아직 해결되지 않은 분리성의 문제가 있을 경우에는 부정적으로 치료에 영향을 미칠 수 있는 역전이를 경험할 수 있기 때문이다. 또한 이 활동에서 클라이언트가 노래 부르기를 거부할 수도 있다.

[방법]
① 클라이언트에게 장조나 단조 중 어떤 조성을 원하는지 물어본다.
② 두 가지 화성을 사용하여 피아노를 반주한다.
③ 치료사의 음성을 클라이언트가 따라 하도록 한다.

2) 2단계 : 분리의 경험(Harmonizing)

이 단계에서 클라이언트는 연관성과 인정받는 느낌을 경험하게 되고, 분리되는 경험을 하기 시작한다. 두 개의 화음을 사용하여 치료사가 내는 소리의 바탕 위에서 클라이언트는 자유롭게 다른 소리를 내면서 함께 노래 부른다.

[방법]
① 치료사는 두 가지 화성을 사용하여 피아노를 반주한다.
② 치료사가 소리를 내면 클라이언트는 원하는 대로 다른 소리를 내며 함께 노래 부른다.

3) 3단계 : 모방을 통한 성장(Mirroring)

이 단계는 치료사가 클라이언트의 소리를 모방하여 노래하는 방법이다. 먼저 치료사는 두 개의 화음을 사용하여 반주하기 시작한다. 클라이언트가 소리를 먼저 내기 시작하면 치료사가 그 소리를 모방하여 노래하게 된다. 클라이언트의 자아 개념 강화에 도움을 주며, 용기를 줄 수 있다. 이렇게 자신의 소리에 누군가가 반응해 주는 경험은 부모에게 무시당했거나 부모들의 요구에만 순응하며 살아온 클라이언트에게 더욱 큰 만족감을 줄 수 있다(Miller, 1981; Winnicott, 1965). 이들은 자신이 주도적으로 누군가의 모방을 유도해 내기를 원치 않으며, 다른 사람들을 모방하는 것을 더욱 편하게 생각해 온 사람들이다.

[방법]
① 치료사가 화성을 사용하여 피아노 반주를 시작한다.
② 클라이언트가 소리를 내면 치료사가 클라이언트의 소리를 모방하며 계속해 간다.

4) 4단계 : 심리적 지지의 경험(Grounding)

치료사는 반주하는 화음의 으뜸음을 불러주면, 클라이언트가 그것을 바탕으로 즉흥적인 소리를 내는 단계이다. 이 과정에서 클라이언트는 음악적으로 자유로운 탐색을 하다가 클라이맥스를 거치고 나서 다시 원점으로 되돌아올 수 있다. 이때, 치료사가 지속적으로 유지하는 기본음은 지속저음과 같은 효과를 내게 된다. 이와 같은 음악적인 교류 작용은 아동과 부모와의 관계를 상기시켜 주게 된다. 아동이 주변을 탐색하다 다시 돌아와도 부모가 항상 환영하는 태도를 보인다면, 아동은 안정감을 느낄 것이다. 부모가 항상 아동 자신을 환영할 것을 안다면 더욱 자유롭게 탐색에 임할 것이다. 만약 아동이 불안을 느낀다면 그만큼 자유로운 탐색에 장애가 될 것이다(Bowlby, 1969).

따라서 치료사는 클라이언트에게 꾸준히 그들의 소리가 치료사의 소리에서 분리하여 정체성이 확립되며, 자유롭게 탐색하여 자립심이 증가할 수 있도록 격려할 필요가 있다. 치료사와의 관계가 충분히 믿음과 안정성이 있다고 판단될 때, 즉흥적인 노래가 가능할 수 있다.

[방법]
① 기본이 되는 음을 치료사가 노래하고, 그 위에 멜로디를 클라이언트가 노래하도록 안내해 준다.
② 치료사는 두 가지 화성을 사용하여 피아노를 반주하며 단순한 화성을 노래한다.
③ 클라이언트는 치료사의 화성에서 시작하여 자유로이 멜로디를 만들어 노래한다.
④ 클라이언트가 치료사의 기본적 화성에 돌아왔을 때 노래를 종료한다.

자유연상 노래기법(Free associative singing)

프로이드의 자유연상 기법에 근거를 둔 방법으로, 자유연상을 하여 언어적 또는 비언어적으로 노래하는 기법이다. 이 단계를 통해 클라이언트로 하여금 치료사는 그들이 경험하고 있는 것을 올바로 직시할 수 있도록 돕고, 그것이 의미하는 것이 무엇인지를 찾아 해결할 수 있도록 도와주게 된다. 이 단계에서는 치료사가 치료적 과정을 촉진시키는 데에 좀 더 적극적인 역할을 하여, 클라이언트가 자신이 경험하고 있는 것을 이해하고 그것의 의미를 찾을 수 있도록 돕는다. 이러한 치료적 자세의 변화는 클라이언트가 좀 더 발전된 분리와 정체성의 확립과 자립성을 증가시키도록 돕는 것이다.

자유연상 노래기법은 다음과 같이 3단계로 나눌 수 있다.

- 1단계 : 자유롭게 가사를 첨가

이때 화음은 두 개에서 세 개 정도를 사용한다. 성악즉흥연주를 돕기 위해 반복적인 즉흥연주 패턴을 미리 준비하기도 한다.

- 2단계 : 초보 단계에서의 즉흥연주

이 단계에서는 클라이언트에게 단어나 절을 노래하도록 하고 치료사는 그 단어나 절을 따라 불러준다. 가사를 첨가하여 보컬 홀딩 기법의 모든 단계를 할 수 있다. 이 과정에서 클라이언트는 자유롭게 이미지를 연상시킬 수도 있고, 잠재의식을 나타내 보일 수도 있다.

- 3단계 : 진보된 단계에서의 즉흥연주

치료사가 클라이언트에게 감정이입을 사용하여 변형된 자아로서 대하게 된다. 클라이언트가 말로 표현 못 하는 감정, 느낌, 정서 등을 변형된 자아인 치료사가 클라이언트에게 감정이입하고 질문하기도 하는 방법이다.

참고 문헌

김종인(2010). 가족음악치료학. 경기: 이담북스.

이은미(2002). 집단음악활동이 정신분열증 환자의 분노조절에 미치는 영향. 숙명여자대학교 음악치료대학원 석사학위논문.

최병철(2002). 음악치료학 개론(특강교재). 숙명여자대학교 음악치료대학원.

Abad, V. (2003). A time of turmoil : music therapy interventions for adolescents in a paediatric oncology ward. *Australian Journal of Music Therapy, 14*, 20-37.

Bowlby, J. (1969). *Attachment*. NY: Basic Books.

Edgerton, C. D. (1990). Creative group songwriting. *Music Therapy Perspectives, 8*, 15-19.

Ficken, T. (1976). The use of songwriting in a psychiatric setting. *Journal of Music Therapy, 13*(4), 163-172.

Fisher, R. (1991). Original song drawings in the treatment of a developmental disabled, autistic young man. In K. Bruscia (Ed.), *Case Studies in Music Therapy*. NH : Barcelona Publishers.

Freed, B. S. (1987). Songwriting with the chemically dependent. *Music Therapy Perspectives, 4*, 13-18.

Gfeller, K. (1987). Songwriting as a tool for reading and language remediation. *Music Therapy, 6*(2), 28-38.

Glassman, L. R. (1991). Music therapy and bibliotherapy in the rehabilitation of traumatic brain injury: a case study. *The Arts on Psychitherapy, 18*, 149-156.

Goldstein, S. L. (1990). A songwriting assessment for hopelessness in depressed adolescents : a review of the literature and a pilot study. *Arts in Psychotherapy, 17*, 117-124.

Hadley, S. (1996). A rationale for the use of songs with children undergoing bone marrow transplantation. *Australian Journal of Music Therapy, 7*, 16-27.

Kennelly, J. (1999). Don't give up : providing music therapy to an adolescent boy in the bone marrow transplant unit. In R. R. Pratt and D. E. Grocke (Eds.), *Music Medicine 3-Music Medicine and Music Therapy: Expanding Horizons*. Victoria: Faculty of Music, University of Melbourne.

Ledger, A. (2001). Song parody for adolescents with cancer. *The Australian Journal of Music Therapy, 12*, 21-27.

Lindberg, K. A. (1995). Songs of Healing : songwriting with an abused adolescent. *Music Therapy, 13*(1), 93-108.

Miller, A. (1981). *The drama of the gifted child*. NY : Basic Books.

Montello, L. (2003). Protect this child: psychodynamic music therapy with a gifted musician. In S. Hadley (Ed.), *Psychodynamis Music Therapy : Case Studies*. NH : Barcelona Publishers.

O'Callaghan, C. (1990). Music therapy skills used in song-writing within a palliative care setting. *The Australian Journal of Music Therapy, 1*, 15-22.

O'Callaghan, C. (1996). Lyrical themes in song written by palliative care patients. *Journal of Music Therapy, 33*(2), 74-92.

Robarts, J. (2003). The healing function of improvised songs in music therapy with a child survivor of early trauma and sexual abuse. In S. Hadley (Ed.), *Psychodynamis Music Therapy: Case Studies*. NH : Barcelona Publishers.

Robb, S. L. (1996). Techniques in song writing : restoring emotional and physical wellbeing in adolescents who have been traumatically injured. *Music Therapy Perspectives, 14*, 30-37.

Robb, S. L., & Ebberts, A. G. (2003). Song writing and digital video production interventions for pediatric patients undergoing bone marrow transplantation. Part I : An analysis of depression and anxiety levels according to phase of treatment. *Journal of Pediatric Oncology Nursing, 20*(1), 2-15.

Silber, F. & Hes, J. P. (1995). The use of songwriting with patients diagnosed with Alzheimer's disease. *Music Therapy Perspectives, 13*(1), 31-34.

Slivka, H. & Magill, L. (1986). The conjoint use of social work and music therapy with children of cancer patients. *Music Therapy, 6*(1), 30-40.

Turry, A. (1999). A song of life : improvised songs with children with cancer and serious blood disorders. In T. Wigram & J. De Backer (Eds.), *Clinical Applications of Music Therapy in Developmental Disability, Paediatrics and Neurology*. London: Jessica Kingsley Publishers.

Winnicott, D. W. (1965). *The maturational process and the facilitating environment*. NY: International Universities Press.

음악치료기술 제5장

오르프 음악치료

Music Therapy

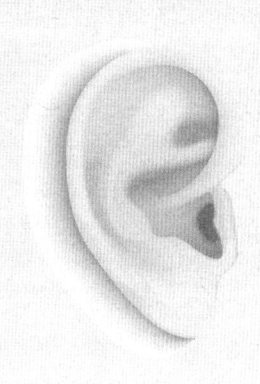

1. 오르프

칼 오르프(Carl Orff, 1895~1982)는 독일의 작곡가 중 한 사람이며 음악지도에 강렬하고 역동적인 학습 과정을 도입함으로써 아동음악교육의 새로운 방향을 제시한 선구적인 음악 교육가이다. 오르프는 무용가 마리 빅만의 영향으로 원시문화에 대한 관심을 갖고, 음악과 움직임이 결합된 원초적인 형태가 음악에 있어서 가장 근원적인 형태라고 생각하였다. 도로시 귄터(Dorothee Gunther)와 함께 뮌헨에서 설립한 귄터학교[12]를 세워 음악교육에 대한 그의 구체적인 생각을 구현하기 위한 작업을 하였다.

칼 오르프는 원초적 음악을 즉흥적으로 연주하기 위한 악곡구성과 연주기법을 위해 보둔(1, 5, 8도 화성의 저음반주 형태)과 오스티나토(선율이나 리듬 패턴의 지속적인 반복)를 사용하였고 타악기도 적절히 사용하였다. 또한 교육의 실효성을 높이기 위한 악기연구와 제작에도 관심을 기울였다.

제2차 세계대전 후에는 그의 제자이자 동료인 구닐드 케트만(Gunild Keetman)과 함께 어린이들을 위한 라디오 방송을 계속적으로 제작하였다. 이 작업의 결과 음악과 언어와 움직임이 하나로 통합된 그의 교육적 구상과 이념을 반영한 칼 오르프 슐베르크가 '어린이를 위한 음악'이라는 부제로 출판되었으며, 이후 그의 음악교육의 철학과 접근법은

---

12 귄터학교(Gunther schule)는 음악을 가르치며 무용 및 체조교사를 양성하기 위해 설립된 학교로 음악과 동작이 통합된 방법으로 지도하였다.

국제적으로 확산되었다.

 칼 오르프의 부인이자 음악치료사였던 거투르드 오르프(Gertrud Orff)는 칼 오르프에 의해 개발된 오르프-슐베르크(Orff-Schulwerk)를 음악치료사 칼 비트콘(Carl Bitcon) 등과 함께 특수 교육과 음악치료에 적용하여 이론화하였다. 1960년대 독일에 설립된 소아과인 킨더젠트룸 뮌헨(Kinderzentrum München)을 중심으로 거투르드 오르프는 의사, 심리학자, 특수교육자 그리고 많은 환자들과의 여러 해 동안의 협동 작업을 통하여 오르프 음악치료의 기초이론과 실제를 확립하였다. 1963~1973년 사이에 독일과 스위스 그리고 미국의 장애아동을 위한 연구소 및 특수교육기관에서 오르프 음악치료의 실제적인 임상 실현을 하였다.

2. 오르프 음악과 음악치료

오르프 음악치료는 오르프의 기본 개념과 음악교수법을 치료적 환경에 적용하여 클라이언트가 세션에서 자신의 감정을 표현하고 경험하며, 다른 사람들과 함께 음악 만들기를 경험하는 것을 목표로 하였다. 클라이언트에게는 음악적 자극을 통해 사회적 상호작용에서의 표출을 가능하도록 하는 데 중점을 두고 자신의 감각과 지각을 인지하며 자신을 느끼게 하고 주위 환경, 사물, 공간 인식, 타인과의 사회적 상호 교류를 경험하고 사회적 기술들을 학습해 나가는 과정이라고 할 수 있다. 음악치료에 있어서는 각 대상의 발달 단계와 특징에 따라 체계화된 단계별 치료 목표를 설정하여 특정 과제를 가르치는 과정을 제시하였다. 단계별 치료 목표로는 의사소통 능력 증진, 집단 경험 촉진 그리고 언어 표현 기능을 향상시키는 것을 목표로 한다. 치료에서의 모델링이나 모방, 행동 수정, 강화, 보상 등 행동주의 기법을 활용하여 통합 교육의 효과를 증진시키는 것을 목표로 한다(Ponath & Bitcon, 1972).

오르프 교수법에서의 음악은, 자연스럽게 리듬과 동작을 중심으로 음악과 동작이 어우러지고 말하기가 자연스럽게 함께 이루어진다. 따라서 오르프는 아동을 위한 이상적인 교수법이며, 학습 방법을 치료적인 요소로 발전시켜 사용한다(Warner, 1991). 오르프 음악치료는 클라이언트가 자신의 문제를 스스로 해결하도록 도와주는 접근 방법으로, 지적인 이해보다는 감각을 우선으로 하는 신체의 동작으로 동작을 수

반하는 음악을 주로 사용한다. 동작은 리듬을 통한 체험을 중요시하며 반복하여 리듬 악기를 기본으로 악기연주를 통해 직접적이고 종합적인 음악 경험의 기회를 제공하는 것으로 특수교육에서도 중요한 치료 방법의 하나이다.

오르프 음악치료는 개별 치료 세팅과 집단 치료 세팅에서 모두 적용되고 있으며, 클라이언트의 특정한 치료적 필요에 의해 치료의 형태를 결정한다. 이러한 치료의 형태로는 목소리와 악기를 이용한 말하기, 노래 부르기, 악기 연주, 신체 표현, 듣기를 포함하여 미술을 이용한 그림 그리기도 있는데, 이러한 매체들을 '오르프 메디아(Orff Media)'라고 부른다. 오르프 음악교육에서의 오르프 메디아는 오르프 개념의 기초 음악을 지도하기 위하여 사용되는 모든 음악 학습 매체를 가리키는 것이며, 오르프 음악치료의 치료 활동에 적용되는 기법들을 의미한다. 오르프 음악치료의 구성은 말하기, 노래 부르기, 신체 표현, 악기 연주의 4단계로 구성되어 있다. 오르프에서 말하기는 문장 구성, 음절, 문구 등 말로 표현하는 것이며, 말의 패턴에서 리듬 활동을 하고 노래 부르기로 발전하여 자연스럽게 음악을 익히는 과정이다. 클라이언트들의 주위 사회생활 환경에서 가깝고 쉽게 접할 수 있는 모든 것들의 이름과 특징들을 음악의 도구로 사용한다.

1) 말하기

말하기는 아동들이 글을 쓰기 전에 말을 먼저 배우게 되므로, 글을 모르는 어린 유아들에게 말하기의 매체는 유용하게 사용한다. 또한 일상용어인 말이나 유행어, 시 등에 리듬을 붙여 리듬을 사용하기도 한다. 말하기가 오르프에서 중요한 매체로 사용되는 이유는, 노래하기와 말하기가 아동들이 노래를 배우기 전에 말하는 소리와 노래하는 소리를 구별할 수 있게 하기 때문이다. 또한 음성으로 성별 차이와 나이 그리고 성격 등도 비교가 되기 때문에, 청소년들에게 있어서는 음성의 특색과 음역의 비교를 구분할 수 있는 기회가 되어 분별력과 의사소통 능력이 증진된다. 말하기는 빠르기, 형식, 악센트, 다이내믹 같은 음악적 표현으로 리듬을 사용하여 손뼉치기, 발 구르기와 같은 신체 표현으로 몸을 타악기로 전환시켜 신체 표현을 하게 한다. 사람에 있어서 목소리의 사용은 자기표현으로, 의사소통 기술을 향상시키는 데 도움을 주며, 대화를 하면서 감정의 표현을 하고자 하는 욕구를 일으키게 된다.

2) 노래 부르기

노래 부르기는 아동들에게 말하기와 언어 리듬을 익힌 후 바로 연계되는 가창학습이다. 노래는 짧고 간단한 찬트 등과 함께 손뼉치기를 한 후, 말에서 나오는 자연스러운 음정을 문답식의 대화로 연결할 수 있다. 정확한 음정으로 부르는 것을 목적으로 하는 것이 아니라, 노래 부르기를 통해 노래의 가사를 음미하며 느껴지는 감정을 이끌어 내기 위한 것이다. 그러므로 노래는 쉽고 친근감 있는 주제로 클라이언트와 관계성이 있는 것을 우선적으로 선곡하는 것이 중요하다. 이러한 선곡을 통해 클라이언트는 관심을 갖고 노래를 하게 되고, 노래에 대한 자신감을 얻는다. 이러한 자신감은 감정의 표현을 이끌어 내어 즐겁게 소리를 낼 수 있게 되고, 클라이언트는 흥겨워하며 적극적인 음악활동으로 노래 부르기를 할 수 있다.

오르프 음악에는 세계 모든 문화권에서 공통적으로 발견되는 음정으로 쉽게 따라 부를 수 있는 5음 음계(pentatonic scale)가 있다. 온음계에서는 장조와 단조가 있다. 하지만 반음계가 없는 5음 음계는 노래하기가 쉬우며 불협화음이 생기지 않기 때문에, 즉흥연주에 적합하여 자주 활용한다. 노래 부르기는 노래 형식의 다이내믹함을, 음색을 분별하는 데 잘 알려진 전래동요나 노래는 간단한 형식과 동기나 악구와 같은 작은 형식을 배울 수 있다.

3) 신체 표현

신체 표현은 클라이언트가 음악이나 시를 읽고 쓰는 자연스러운 동작을 의미하며, 클라이언트의 표현 욕구를 실현하는 데 중요한 소통의 수단으로 사용된다. 동작은 놀이에서 시작하여 점차 발전되었고, 노래와 악기 연주에서 부분적으로 첨가되어 리듬 학습에서도 쉬운 리듬으로 신체 표현을 익히게 된다.

운동 기능에 어려움이 있거나 신체 기능의 부자연스러움을 가지고 있는 클라이언트에게 음악은 청각적인 신호를 제공하여 동작을 구조화하고 움직임을 보조, 강화해 주며 동작을 유도하는 활성제로 사용되는, 매우 긍정적인 동기를 자극한다. 아동에게서는 발달과정에서 걷기, 달리기, 뛰기 등의 이동 동작(locomotor)과 구부리기, 흔들기, 뻗기, 비틀기, 움츠리기 등의 비이동 동작(non-locomotor)은 매우 중요한 활동이다.

　아동들에게 중요한 활동인 신체 활동을 통한 게임을 통해 아동의 신체조작 능력을 발달시킬 수 있다. 발달 과정의 청소년은 근육 운동적 측면과 신체활동영역을 잘 활용할 수 있게 개인의 신체 활동의 특성에 맞는 활동을 진행한다. 신체 표현에서는 동작을 통한 음악적 표현뿐 아니라 창의적이고 감성적인 움직임을 할 수 있도록 동기 부여를 하여, 클라이언트로 하여금 자기표현을 적극적으로 할 수 있게 한다. 이러한 활동은 신체 표현 동작을 통해 자기의사표현과 공간능력 및 타인과의 공간 활용 방법을 향상시켜, 신체 표현과 더불어 또래와의 의사소통에 있어서도 적절한 사회적 기술을 습득할 수 있도록 돕는다.

4) 악기 연주

　오르프 수업에서 사용되는 오르프 악기는 음악 수업에 중요한 도구로 사용되며, 아동들이 쉽게 음악을 만들 수 있도록 제작된 것이다. 오르프 타악기들은 두드리거나 치기를 좋아하는 인간의 본능적 특성과 부합되며, 아동들의 신체적 발달 특징과 연주 기능을 최소화하여 아동들이 쉽게 연주하여 음악을 만들 수 있도록 고안되었다.

　오르프 음악치료에서는 오르프 악기를 이용하여 다양한 목적의 활동을 할 수 있다. 악기의 다양한 음색을 이용한 리듬 연주는 누구나 연주할 수 있다. 클라이언트는 선율 악기와 타악기, 금관악기 등으로 소근육과 대근육을 발달시키며, 필요한 음들과 선택된 리듬을 사용하여 연주할 수 있게 된다. 개인의 신체 발달 특성과 신체적 특성을 고려하여 손과 손가락의 근육을 움직임으로써, 소리의 어울림에 대한 감수성과 창의성의 향상을 돕는다.

악기는 매우 중요한 매체로 가장 활발히 사용되고, 다감각 자극제로서 촉각(tactile), 시각(visual), 청각(auditory)의 감각을 자극하여 치료 효과를 가능하게 한다(Orff, 1974). 악기의 재질에 따라 촉각적 특성이 다르기 때문에 악기의 주된 원료에 따라 부드러움, 단단함 등의 낮고 높은 음역 소리의 악기들과 대조되게 조용하거나 큰 소리를 가지고 서로 다른 역동성을 만들 수 있어 다양한 표면 감촉을 경험하게 한다.

악기는 선율이나 특정 리듬 없이 자유롭게 연주할 수 있으며, 비언어적으로 규칙 없이 수행하여 사람들을 자극하고 동기를 유발한다. 그럼으로써 활동에 참여하게 하고, 인내심과 집중력을 향상시킨다. 악기를 사용할 때는 악기의 특정한 성질에 따라 악기의 촉각적, 시각적, 청각적 경험들은 치료 목표에 따라 효과적으로 구분되어 사용한다.

3. 오르프 필수 개념

기초음악(Elemental music)

오르프 음악치료는 음악의 추상적인 개념이 아닌 구체적 표현 요소인 말하기, 동작 그리고 춤이 결합된 통합적 개념의 형성되었고, 음악은 말하기와 극예술의 요소들이 소리와 동작, 리듬이 하나로 통합되어 사회적 상징이나 의미를 전달한다. 표현에 있어서 음악의 기초적 요소인 음악적 요소(elemental music), 악기 요소(elemental instrumentarium), 말 요소(elemental word) 그리고 동작 요소(elemental movement)가 하나의 영역 안에 결합되어 있는 형태로 작용하는데, 이를 기초음악(Elemental music)이라고 한다. 즉, 기초음악은 음악과 신체동작 그리고 언어의 자연적 리듬이 결합된 통합적인 개념의 음악을 의미한다. 오르프는 모든 음악적, 동작적 활동의 근원은 원천적인 것, 기초적인 것(Elementar)에 뿌리박고 있음을 강조했다. 이 '기초적인 것'은 이론으로 배우는 것이 아니라 실제 체험을 통해서만 획득될 수 있다.

기초음악의 특징은 세 가지로 들 수 있다. 첫째, 음악과 신체 표현이 분리되어 존재하는 것이 아니라 하나로 결합되어 있다. 즉, 여러 명이 함께 어떤 문장을 일정한 운율로 동시에 말하거나, 2~3개 정도의 음만 사용하는 간단한 노래 또는 선율적인 노래에 맞춰 몸을 움직이고 리듬을 만드는 등, 음악과 신체 표현은 융화되어 있다. 둘째, 경험과 체험을 바탕으로 하여 입에서 입으로 구전되어 왔기 때문에 항상 변화의 가능성을 내포한 형태의 음악이다. 셋째, 기초음악의 중요한 점은 모두 동참할 수 있는 앙상블 음악이다.

기초음악에서의 '기초'는 감각의 민감화, 움직임, 노래 부르기, 말하기, 시간의 구조화, 기초악기 연주, 시각화, 청취주의력을 들 수 있다. 각 영역의 예는 다음과 같다.

* 감각의 민감화 : 사회적, 촉각적, 운동감각적, 청각적
* 움직임 : 움직임 연결, 움직임 전환, 협력, 미세 동작, 전진 운동, 신체 자세, 몸짓
* 노래 부르기 : 노래, 솔페이지, 실험적 음성 행위
* 말하기 : 말리듬, 리듬 있게 말하기, 시/각운/넌센스, 억양 있게 말하기, 몸짓으로 소리 흉내 내기
* 시간의 구조화 : 타악기, 말 리듬, 신체 타악기, 언어
* 기초악기 연주 : 멜로디 연주, 리듬 행위, 박자 행위, 탈박자 행위, 실로폰 놀이, 직접 제작한 악기, 작은 타악기, 가죽/목재/금속악기
* 시각화 : 기보법, 상징문자/기호문자, 진행그래픽, 색채, 그림, 움직임
* 청취주의력 : 자신이 연주한 음악, 타인이 연주한 음악, 녹음 매체/라이브, 청각적 환경

펜타토닉(Pentatonic)

펜타토닉은 5개(penta)의 음으로 구성된 음계를 의미한다. 펜타토닉에는 반음을 포함한 헤미토닉(Hemitonic)과 반음이 없는 엔헤미토닉

(Anhemitonic)이 있다. 헤미토닉은 대부분 아시아권 음악에서 사용되며, 독특한 분위기를 자아낸다. 엔헤미토닉은 도, 레, 미, 솔, 라로 구성된 음계로 오르프에서 사용하는 펜타토닉 음계이다([그림 5-1] 참조).

펜타토닉의 장점은 반음이 없으므로 음계의 음들이 동시에 연주되어도 불협화음이 나지 않는다. 따라서 클라이언트가 즉흥연주를 할 때 즉각적인 소리효과로 흥미를 유발하며, 즉흥연주 경험을 하는 데 아주 유용하다. 또한 펜타토닉은 반주와 노래가 쉬우며, 여러 문화권에서 나타나는 음계이기 때문에 활용도가 높고, 보둔 반주가 가능한 장점이 있다.

그림 5-1 오르프에서 주로 사용하는 펜타토닉 음계

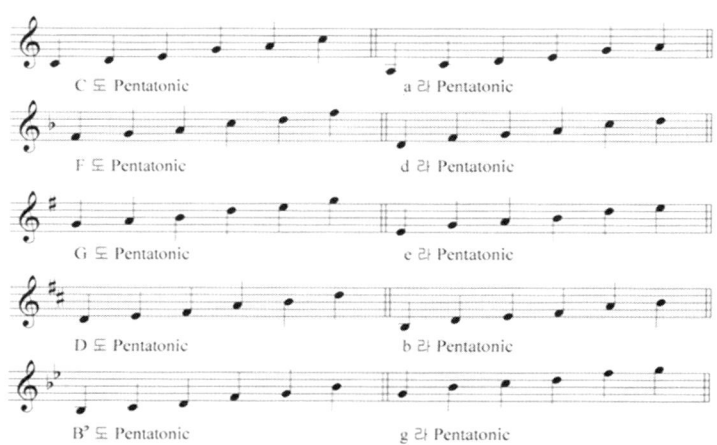

오스티나토(Ostinato)

오스티나토는 '고집 센, 완고한'이라는 뜻을 가진 라틴어 Obstinatus에서 유래되었다. 오스티나토는 오르프의 중요한 기본적 원리로서 악곡 전체나 하나의 프레이즈 안에서 지속적으로 반복되는 일정한 패턴을 말한다. 이러한 반복 패턴은 범세계적인 것으로 여러 문화권의 음악에서 찾아볼 수 있으며, 여러 지역의 민속음악이나 대중음악에서도 나타난다. 음악의 어떤 요소라도 오스티나토로 만들 수 있고 선율이나 화음, 리듬, 신체 표현 등에서 나타난다.

* 신체 표현 오스티나토

신체 표현 오스티나토 패턴들은 일정한 틀을 가지고 있거나 또는 자유로운 패턴으로 쓰이며, 독주와 반주 등의 다양한 형태로 쓰인다([그림 5-2] 참조).

그림 5-2 신체표현 오스티나토의 예

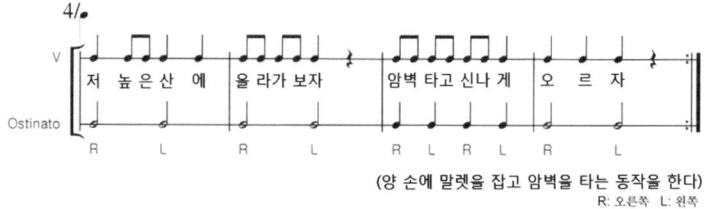

(양 손에 말렛을 잡고 암벽을 타는 동작을 한다)
R: 오른쪽 L: 왼쪽

※ 말하기 오스티나토

말하기 오스티나토는 보통 몇 개의 반주 오스티나토가 겹쳐 쓰이며, 안정적이고 정확한 리듬을 발달시킬 수 있다. 클라이언트의 흥미와 관심을 위해 치료사는 다양한 억양과 가사에 어울리는 음조를 말하는 것이 중요하다. 다른 성부와의 리듬 앙상블이 잘 이루어져야만 만족할 만한 음악적 성취를 기대할 수 있다. 신체 표현을 함께 사용할 수 있으며 몇 개의 그룹으로 나누어서 각 파트를 연주하면 더욱 흥미를 유발할 수 있다([그림 5-3] 참조).

그림 5-3 말하기 오스티나토의 예

※ 노래 오스티나토

노래 오스티나토는 클라이언트에게 음악적 독립성을 키운다. 처음 단계에서는 두 성부(선율 성부와 오스티나토 성부)가 같은 음으로 시작하고, 오스티나토의 길이가 선율의 프레이즈 길이에 비해 상대적으로 짧은 것으로 시작하는 것이 좋다. 노래 오스티나토는 선율과는 구별되는, 노래 오스티나토만의 리듬적이고 선율적 생명력이 있어야 한다([그림 5-4] 참조).

그림 5-4 노래 오스티나토의 예

* 악기 오스티나토

악기 오스티나토 반주는 신체, 무선율, 선율타악기의 세 가지로 나눌 수 있다. 악기 오스티나토는 말하기, 노래의 가사, 리듬 프레이즈, 또는 기악 선율에 붙일 수 있고 즉흥적으로 창작하여 활용할 수도 있다([그림 5-5], [그림 5-6], [그림 5-7] 참조).

그림 5-5 신체타악기 오스티나토의 예

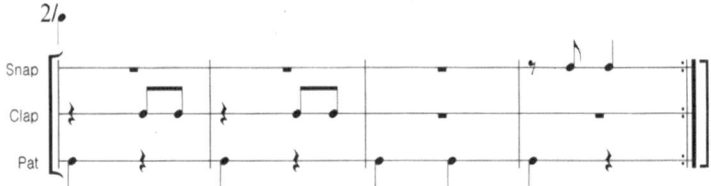

그림 5-6 신체타악기 오스티나토를 무선율 타악기 오스티나토로 전환한 예

그림 5-7 신체타악기 오스티나토를 선율 타악기 오스티나토로 전환한 예

오스티나토는 오르프가 강조한 기초음악 개념의 기본 원리이다. 오스티나토의 계속되는 반복은 음악의 안정감을 확립해주며 음악에 대한 이론적 지식 없이도 음악을 만들 수 있다. 오스티나토를 통해 클라이언트는 음악을 기억하고 듣고 협응하는 능력이 발달하며 이를 통해 주의집중력, 기억력, 협응력 등이 증진된다. 오스티나토는 음악적 기술이 없이도 앙상블 경험이 가능하므로, 오스티나토를 통한 직접적이고 즉각적인 음악적 결과를 통해 클라이언트는 자신감을 가질 수 있다.

보둔(Bordun)

보둔은 음계의 근음과 5음으로 구성되는 선율 아래의 저음부 반주로, 가장 기본적인 화성 반주이다. 오르프 기초음악에서 조성의 안정과 불변을 유지하는 가장 간단한 반주법으로 음향이 단순하고 분명하게 들리며 화성적 기능보다는 조성을 유지하는 데 더 큰 기능을 한다. 많은 문화권의 전통 민속음악에서 보둔과 유사한 형태의 반주가 사용되고 있다.

보둔은 어려운 기술적 연습 없이도 쉽게 즉흥적으로 반주하고 음악을 만들 수 있는 화성적 구조를 가지고 있다. 보둔 연주는 맑고 안정적이며 클라이언트가 연주하기 쉽기 때문에, 오르프 앙상블에서 반주 형태로 자주 사용된다. 보둔은 반주가 단순하지만 리듬, 음역, 음색 등의 변화를 통해서 다양한 효과를 만들 수 있으며, 클라이언트로 하여금 흥미를 가지게 한다.

보둔은 심플 보둔(Simple Bordun)과 무빙 보둔(Moving Bordun)으로 나눌 수 있다. 심플 보둔에는 코드 보둔, 브로큰 코드 보둔, 레벨 보둔이 있다.

1) 코드 보둔(Chord Bordun)

코드 보둔은 하나의 악기로 근음과 5음을 동시에 연주하는 방법이다. 가장 쉽게 연주할 수 있고 무난하게 쓰기에 알맞은 보둔이다. 코드 보둔은 주로 베이스 파트에서 연주되며 간혹 알토 파트에서 연주되기도 한다. 코드 보둔은 매우 안정적인 느낌을 준다.

코드 보둔은 선율의 리듬과 다르게 하여 리듬적 긴장감을 줄 수 있어야 한다. 또한 반드시 5도권을 유지하며 사용되어야 하는데, 근음을 옥타브 위로 사용할 경우 5도의 구성은 4도가 되므로 코드 보둔으로 부적합하다.

그림 5-8 코드 보둔의 예

2) 브로큰 코드 보둔(Broken Chord Bordun)

브로큰 코드 보둔은 근음과 5음이 독립적, 순차적으로 연주되는 것이다. 브로큰 코드 보둔은 마치 걷는 것 같은, 앞으로 향하는 운동성이 있다. 항상 강박에 근음이 와야 하며, 선율과 옥타브로 병행해서는 안 된다.

그림 5-9 브로큰 코드 보둔의 예

3) 레벨 보둔(Level Bordun)

레벨 보둔은 둘 또는 그 이상의 성부에서 순차적으로 연주되는 코드 보둔이다. 베이스 메탈로폰과 알토 메탈로폰 등 2가지 악기로 옥타브를 나눠서 연주한다. 리듬은 단순하게 사용하는 것이 좋다.

그림 5-10 레벨 보둔의 예

4) 크로스오버 보둔(Crossover Bordun)

크로스오버 보둔은 레벨 보둔과 브로큰 코드 보둔이 혼합된 형태의 보둔이다. 크로스오버 보둔은 강박에 근음을 연주하여야 하며, 선율

보다 반주의 근음이 높아서는 안 된다. 다른 보둔에 비해 다양한 리듬을 사용할 수 있는 장점이 있다.

그림 5-11 크로스오버 보둔의 예

5) 무빙 보둔

무빙 보둔은 심플 보둔에 장식적 효과를 추가한 보둔이다. 온음계에서 무빙 보둔은 5음을 4음이나 6음으로 움직였다가, 강박에서 5음으로

그림 5-12 무빙 보둔의 예

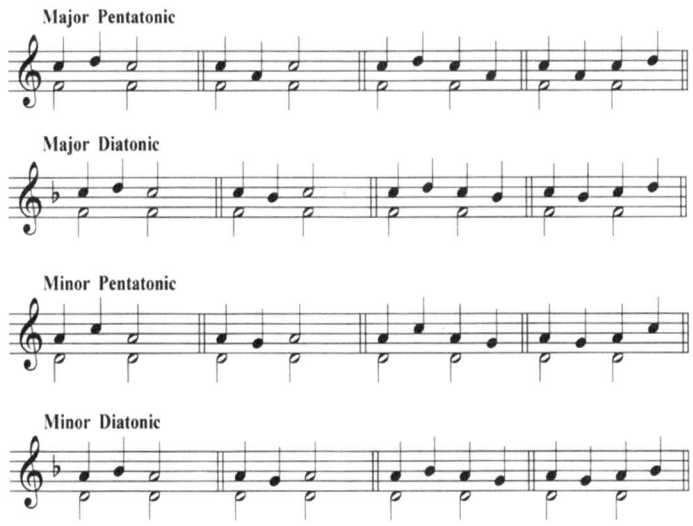

돌아오는 방식이며, 펜타토닉에서는 5음을 3음[13]이나 6음으로 움직였다가, 강박에서 5음으로 돌아오는 방식이다.

   무빙 보둔 연주 시 일반적으로 근음과 5음은 분리하여 2가지의 악기로 연주한다. 이때, 5도 간격은 유지되어야 하며, 코드 보둔과 마찬가지로 근음의 옥타브 역시 피해야 한다. 근음과 5음은 반드시 강박에서 사용되어야 하며, 옥타브 혹은, 악기 간 병행 8도는 피해야 한다. 또한 무빙 보둔의 음역은 선율보다 아래에 있어야 한다.

---

13 펜타토닉 음계에서는 4음과 7음을 포함하지 않으므로, 4음이 아닌 3음으로 움직인다.

4. 오르프 음악치료의 특징

오르프는 음악적 능력의 차이와 무관하게 모두가 각자의 능력에 따라 참여할 수 있고, 서로 상호 협력하여 다양하고 재미있는 음악적 경험을 하도록 유도하는 것을 목표로 한다. 각자의 기능적 수준과 능력에 관계없이 모든 치료 대상자 개개인의 능력에 맞게 음악활동에 참여하고, 즐거운 음악 경험을 할 수 있는 기회를 제공한다.

오르프-슐베르크의 기본 개념은 아동의 기초음악(elemental music)으로 설명되는데, 이는 동작과 언어의 자연적 리듬을 사용하여 자발적으로 음악을 만들려는 인간의 보편적이고 근원적인 경향이라고 할 수 있다. 기초음악은 인류에게 음악의 진화가 일어난 것에 상응하는 단계에 따라 개인에게서 발달된다. 기초음악 개념에 이론적 기반을 둔 오르프 음악치료의 특징은 다음과 같다.

첫째, 오르프 음악치료에서는 가능한 모든 음악적 매개(목소리, 악기, 동작 등)를 이용한다. 이는 기초음악을 만드는 데 있어서 동작과 언어가 분리될 수 없기 때문이며, 실제 음악치료 환경에서는 춤, 시, 드라마, 마임, 미술 등의 여러 가지 상이한 표현 양식을 이용한다.

오르프는 탐색과 경험을 강조한다. 탐색을 통하여 음악의 기본적인 요소들을 익히고 체험하며, 점차 복잡하고 어려운 요소까지 경험을 확대한다. 오르프에서 음악 교육은 아주 쉽고 자연적인 활동에서 점차 음악적으로 발전된 학습으로 전개된다. 오르프 교수법은 아동들이 좋아하는 활동에서 노래, 낭송, 박수, 춤, 사물 두드리기 등을 활동의 기초로 삼고 있다. 이러한 활동들은 먼저 음악을 듣는 것에서 시작되어 음악을 만드는 과정으로 유도되고, 그다음에 음악을 읽고 작곡하는 학습으로 연계된다. 오르프 음악치료는 이러한 오르프 교수법의 특징을 토대로 한다. 그러면서 아동들이 좋아하는 활동을 기초로 다양한 표현양식을 활용하여 아동의 직접적인 체험을 부분에서 전체로, 단순한 것에서 복잡한 것으로 전개하는 원리에 따른다. 아동들은 이러한 음악체험 과정을 통해 자기 자신을 변화, 발전시키게 된다.

둘째, 오르프 음악치료는 다감각적 접근을 강조한다. 기초 음악은 여러 가지 상이한 표현 매체와 양식을 이용하며, 청각·시각·촉각·운동감각적 자극과 반응을 모두 유도한다. 악기를 사용한 연주 활동은 오르프 음악치료에서 가장 적극적으로 활용되고 있는 방법 중의 하나인데, 이는 크게 촉각(tactile), 시각(visual), 청각(auditory)의 세 가지 범주에서 치료 효과를 가능하게 한다. 나무, 피부, 금속 등과 같이 서로 다른 촉감을 가진 재료를 활용한 치료를 통해서 온도, 표면의 느낌, 단단함, 무게, 탄력, 진동을 느끼게 할 수 있다. 또한 서로 다른 크기와 모양을 가지고 있는 악기를 통해서 시각적인 자극을 제공할 수 있다. 더불어 각기 다른 악기의 형태와 구조에 따른 음색을 통해 청각적인 자극을 경험할 수 있게 한다. 악기의 사용은 멜로디나 리듬 개념의 인식 전 단계에서도 적용이 가능하며, 치료는 반응과 규칙의 필요성이 아니라, 개인이 느끼는 리듬의 구조와 강조에서 시작될 수 있다.

오르프-슐베르크의 핵심 요소인 말, 노래 부르기, 동작, 악기 연주는 다감각적 접근 방식을 구체화한다. 악기 연주에서는 촉각, 시각, 청각, 운동 감각 단계에서 클라이언트에게 다가갈 수 있다. 클라이언트는 악기의 촉감이나 무게, 크기나 색깔, 음색, 혹은 소리를 유발시키는 데 필요한 움직임에 반응할 수 있다.

셋째, 오르프 음악치료는 음악 요소 중 리듬을 강조한다. 음악의 요소 중 가장 원초적이고 자연적인 특성을 가지는 리듬은 동작과 말에서도 중요한 요소가 되기 때문이다. 리듬은 음악, 동작, 언어에 모두 내재되어 있는 음악의 기본 요소이다. 따라서 오르프에서는 음악 교육이나 훈련 경험이 없는 아동들에게 신체 소리(physical sound)와 몸짓을 통한 리듬 교육을 선행하고, 사람의 음성(voice)을 가장 근본적이고 자연스러운 악기로 이용하고 있다.

넷째, 오르프 음악치료는 창조성과 즉흥성을 강조한다. 창조성은 기초음악의 발달에 있어서 매우 중요한 요소이며, 자발적인 연주를 통해 음악적 재료를 탐구하고 조직화하는 즉흥성은 창조적인 문제해결을 도모하기 때문이다. 오르프 음악치료는 생동감 있고 창의적인 즉흥연주 및 창작 활동을 통하여 창의성과 창조적 표현 능력을 발달시킨다.

오르프는 음악적 발달이 각 문화의 언어와 리듬, 속담, 아동들의 찬트(Chant), 게임 그리고 노래들을 포함한다. 오르프 접근은 결과를 제시하는 것이 아닌 과정 중심이다. 음악 만들기 과정에서 음악치료의 비음악적 목적 영역이 이루어지고 이러한 비음악적 목적은 음악적 작품의 결과보다 더 중요하다. 오르프 음악치료에서 주로 고려되는 비음악적 목적 영역은 사회적, 의사소통, 운동 근육, 인지, 심리적, 자아개념, 현실 인식, 감정, 촉각, 시각, 청각, 음악 영역 등이 있다.

5. 오르프 음악치료의 단계

오르프 음악치료의 단계는 탐색 단계, 모방 단계, 즉흥 단계, 창작 단계의 네 영역으로 볼 수 있다. 오르프는 탐색과 경험을 중요시하였다. 탐색을 통하여 음악의 기본적인 요소들을 익히고 체험하며 점차 발전시키면, 음악적 능력은 지속적이고 점진적으로 발전하기 때문에, 자연적인 활동에서 점차 음악적으로 발전된다.

1) 탐색 단계

오르프 음악치료에서 4단계를 통해 클라이언트의 음악적인 발달의 영역에 접근한다. 4단계에서 탐색은 소리와 움직임에 있어서 가능성의 범위를 발견하는 것으로, 공간과 소리 그리고 음악 형식의 탐색을 경험하게 된다. 공간의 탐색에서는 신체 움직임과 여러 가지 동작 요소를 경험하며 신체 활동에서 자연스럽게 이루어지는 동작들이 있으며 숨쉬기, 호흡에 맞춰 움직이기, 심장 박동을 느끼기 등을 탐색하고 경험하게 된다. 가장 가까이에서 들려오는 잡음으로 주위 환경에서 들리는 소리와 여러 가지 악기에서 만들어진 소리 등 목소리를 통한 소리들을 탐색하고 음악적인 경험을 하게 된다.

2) 모방 단계

오르프 음악치료에서 모방은 창조를 위한 학습 방법이다. 나이나 능력에 상관없이 모든 사람들이 언어, 신체 악기, 움직임, 노래 부르기, 악기 연주하기 등과 같은 영역에서 관찰력, 지시 따르기 능력, 자유롭게 신체 활동, 동작의 표현 기술 등을 배울 수 있다. 모방은 신체 악기, 타악기, 선율악기 그리고 목소리 등의 방법으로 행해지며, 동시 모방, 기억 모방, 중복 모방의 세 가지 단계로 나누어진다. 동시 모방은 지시적이거나 비지시적인 활동을 하는 즉각적인 모방 활동으로 신체 동작, 신체 타악기, 소리 모방 및 신체 타악기 소리를 악기로 표현하는 방법 등이 있다. 기억 모방에서는 치료사가 음악적 지시를 내리고 기억하게 한 다음에 몸동작이나 소리, 리듬, 패턴, 선율 등을 기억하여 똑같이 따라 하는 방법이다. 중복 모방은 간단한 동작을 보여 주고 새로운 동작을 첨가하면서 진행된다. 특별한 지시가 있을 때에만 따라 하도록 동작을 하면서 또다시 새로운 리듬을 이어 나갈 수 있는 방법이다.

3) 즉흥 단계

오르프 음악치료에서 음악 패턴을 정확하게 모방하게 되면, 즉흥단계를 시도한다. 참여한 대상에 따라 즉흥연주 기술의 수준을 달리하며 활동에 참여한다. 즉흥연주 기술을 구조화하고, 리듬의 방법이나 사전에 학습된 악기의 음역을 변화하는 등의 방법을 제시하게 된다. 개인의 기능 수준에 따라 자유롭게 몸동작 표현을 유도할 수 있고, 시각적 자극이나 추상의 이미지를 동작이나 악기로 표현하도록 구조화한다. 또한 응답이나 변주로 표현하며, 치료사와 이중주나 독주를 번갈아 론도형식으로 사용할 수도 있다.

　동작이나 말에 사용되는 기본적인 리듬 위에 치료사는 창의적인 음악적 활동을 한다. 오르프 즉흥연주에서는 형식(form)을 과정을 돕는 수단으로 이용하는데, 대개 론도형식을 중요하게 생각한다. 치료사는 그룹에서 나타나는 기본적 형식 위에 클라이언트가 모델링할 수 있는 구조를 제시하며, 이러한 연주가 발전되며 즉흥연주가 진행된다. 오르프 즉흥연주는 어떠한 경우에라도 성공적인 음악적 경험과 개인의 긍정적인 경험에 중요성을 갖는다. 클라이언트들이 언제 어떻게 반응하는가를 조절하며 즉흥연주를 형성시킨다.

　오르프 즉흥연주의 장점은 집중력 증진이다. 클라이언트는 오르프 즉흥연주를 통해 다른 사람들의 행동이나 반응에 집중할 뿐 아니라, 반대로 다른 사람들이 클라이언트에게 주의를 가지고 반응을 보이는 것을 경험할 수 있다. 이러한 구조로 인해, 주의집중력이 요구된다. 또한 오르프 즉흥연주에서는 그룹의 일체감이 개인에게 강하게 작동하므로 집단응집력이 강화된다.

4) 창작 단계

　오르프 음악치료에서 탐색, 모방 그리고 즉흥으로 통합하는 것이다. 음악의 형식이나 주제, 변주를 바꾼 작은 모음곡으로 자신의 작품을 만들 기회를 갖는다. 주어진 틀과 지시된 내용 안에서 새로운 것을 창작해내고 자신만의 고유한 작품을 만들어 가며 도전과 만족감, 성취감을 얻는 체험을 하게 된다. 오르프 접근은 음악적, 미학적 반응을 가르친다. 클라이언트는 깊게 생각하는 것을 배우며 예술에 대한 유용한 방법에서 자신들의 표현과 반응을 배운다. 음악적 반응은 감성적 인식, 미학적 경험, 기술, 개발, 즉흥 등을 수반한다.

오르프 음악활동은 여러 가지 감각을 자극시킨다. 음악활동에 참여하는 동안, 클라이언트는 상상하고 창작하며 표현하는 기회를 가진다. 또한 언어, 노래 부르기, 움직이기 그리고 악기 연주하기를 하는 과정에서의 활발한 협력을 통해, 비음악적 개념과 음악적 개념을 동시에 이해할 수 있다. 이러한 개념적 이해가 발전할 때에 디자인하고, 재설계하고, 재구조화하고, 재배치하고, 상징하고, 요소들을 연장하는 것들을 통해서 즉흥 경험에 적극적으로 참여하게 된다.

6. 오르프 음악치료의 목표

오르프 음악치료는 다른 사람들과 함께 음악 만들기를 경험하는 것을 목표로 하였다. 이를 통해 사회적 상호작용에서의 표출을 가능하도록 하는 데 중점을 두었다. 즉, 음악적 자극을 통해 자신의 감각을 지각하고 인지하며 자신을 느끼고, 자신을 둘러싼 주위환경과 사물 및 공간을 인식하고, 타인과의 음악적 경험을 통해 사회적 상호교류를 경험하고 사회적 기술들을 학습해 가는 과정이라고 할 수 있다.

거투르드 오르프가 제시한 오르프 음악치료의 일반적인 목표는 '클라이언트가 음악적인 환경 내에서 자신을 표현하고, 자신을 한 개인으로서 경험하며, 다른 사람들과 함께 음악을 만들 수 있는 음악'을 창작하는 것이다. 궁극적으로는 이러한 과정을 통해서 자신에 대한 경험(지각, 연상 등)과 사회적 영역의 경험(개체 개념, 시공감각 개념 등)을 개발하도록 하는 데에 치료 목표를 둔다. 더 나아가, 오르프 음악치료 모델은 체계화된 단계별 접근을 통해 특정 과제를 한 단계씩 구체적으로 접근하면서 가르친다. 단계에 따른 치료 목표는 첫째, 의사소통 능력을 증진시키고, 둘째, 집단 경험을 촉진시키며, 셋째, 구술 표현 기능을 향상시킨다. 마지막으로 통합 교육의 효과를 증진시키는데, 모델링이나 모방, 행동 수정, 강화, 보상 등 행동주의 기법을 활용한다(Ponath & Bitcon, 1972).

1) 심리적 목표

- 보호받고 있다는 느낌, 안전하다는 느낌을 경험한다.
- 자기지각능력이 촉진된다.
- 다양한 생물과 무생물, 그리고 자연현상 등과 자신을 동일시하는 과정을 경험함으로써 자아의 확장을 체험한다.
- 새로운 생각들을 떠올린다.
- 자신을 남 앞에 드러내고, 불안감을 극복하도록 한다.
- 긴장감을 견뎌내고, 인내심을 키우며, 만족이 지연되는 것을 참아낸다.
- 주도적인 역할을 하고, 결정을 한다.
- 그룹과 상대자에 대한 관계를 형성한다.
- 물러나고 포기할 수 있어야 한다. 자기통제력을 훈련한다.

예) · 오르프 음악치료의 즉흥연주, 자유 움직임, 창작 활동 등을 적용하여 스트레스 해소 및 자아 조절력을 증진한다.
· 오르프 음악치료의 즉흥, 작곡, 노래하기 활동을 통해 감정표현을 할 수 있다.
· 오르프 음악치료의 감정에 기초한 창작 작업을 통해 감정을 구분하고 표현할 수 있다.

2) 사회적 목표

- 다른 사람을 지각한다.
- 기다리고 순서를 지킨다.
- 다른 사람의 생각을 받아들인다.

- 서로 반응하고 소통한다.
- 서로 배려해 준다.
- 자신의 공동책임을 느낀다.
- 스스로 자신이 속한 그룹에 규칙을 부여한다.
- 그룹에 대한 소속감을 발전시킨다.

예) · 오르프 음악치료의 모방, 독주, 앙상블 연주를 통하여 순서 지키기를 훈련한다.
 · 오르프 음악치료의 오스티나토 연주, 리듬 동작 등을 통하여 지시사항에 따르는 훈련을 한다.
 · 오르프 음악치료의 앙상블 연주 기법을 통해 동료와의 상호작용을 증진시킨다.
 · 오르프 음악치료의 찬트, 말하기 오스티나토를 사용하여 의사소통 기술을 향상시킨다.
 · 오르프 음악치료의 부르기와 반응 활동을 통해 질문-응답기술을 향상시킨다.

(3) 동작적 목표
- 신체 움직임이 주는 기쁨을 유지하거나 새로 발견한다.
- 운동감각체계와 피부의 감각체계를 세분화한다.
- 신체의 틀을 확고히 하고, 발전된 신체 의식을 지닌다.

예) · 오르프 음악치료에서 말렛을 사용한 동작을 통해 손바닥을 움켜잡을 수 있다.
· 오르프 음악치료에서 신체 악기 모방, 오스티나토 등의 기법을 사용하여 대소근육을 활성화시킨다.

(4) 음악적 목표

음악으로 육체적, 심리적 에너지를 표현한다. 청각을 세분화하고 능동적으로 청취하고 집중하여 듣고 귀 기울인다. 음성, 악기, 몸의 영역에서 세분화된 행동 가능성을 지닌다.

예) 오르프 음악치료 적용 중 환경적 소리를 통해 청각 구분 능력을 향상시킨다.

* 오르프 음악치료에서의 신체적 목적의 활동

1. 몸짓이나 판토마임처럼 자신을 표현한다.

2. 몸의 부분들을 세분화하여 지각한다.

3. 동작의 기본기능들을 세분화한다.
    가) 전진 운동 : 뛰기, 돌기, 뛰어오르기, 걷기(앞으로, 뒤로, 옆으로), 팔짝 뛰기, 줄서기(앞, 옆, 뒤)
    나) 균형 잡기 훈련, 숙련성 훈련
    다) 세부 운동 : 손, 손가락, 발의 운동

4. 신체의 긴장 증가시키기

5. 몸 전체 혹은 몸의 여러 부분들을 힘과 속도를 적절하게 투입하여 다양한 강도로 사용하기

6. 다양한 움직임들을 번갈아가며 하기
    가) 움직임(행동) 대 정지(억제)
    나) 자발적인/자유로운/즉흥적인 움직임 대 의무적인/약속된/미리 준비된 움직임
    다) 미리 준비된 움직임 대 또 다른 미리 준비된 움직임

7. 서로 조정된 움직임 하기
    가) 나-나 : 몸의 부분들을 서로 조정하기
    나) 나-객체 : 재료, 도구, 악기를 가지고 움직이기

다) 나–너 : 그룹 앞에서 혹은 파트너와 함께 (예 : 그림자놀이, 거울 놀이)

라) 나–우리 : 그룹과 함께 (예 : 민속춤)

8. 구조를 움직임으로 변화시키기
   가) 소리 내기
      - 실험적 행위 / 시 / 노래
   나) 청각적 자극
      - 악기를 통한 움직임 자극
      - 라이브(움직임 음악)
      - 음악 매체를 통해 연주되는 움직임 음악
   다) 시각적 자극
      - 도형적, 회화적 묘사
      - 공간적 상황
      - 개인, 그룹, 파트너와의 관계에서의 사회적 상황

9. 박에서의 운동의 실행
   가) 정박자와 엇박자
   나) 여러 종류의 박자 바꾸기

10. 움직임들을 연결하기

11. 운동의 흐름을 느끼기, 운동들을 자연스러운 흐름 속에서 서로 결합하기

* 오르프 음악치료에서의 음악적 목적의 활동

1. 음악적 행위에 기쁨을 느낌으로써 호기심, 열광, 매혹 등을 행동의 동기로서 체험한다.
    가) 음성
        − 언어를 다양한 방식으로 사용하기
        − 리듬 있게 말하기
        − 모음들을 가지고 실험적으로, 의성어적으로 작업하기
        − 음정을 가지고 노래
    나) 악기 연주
        − 실험적 음향 행위 / 박자를 지닌 행위 / 리듬의 유형, 오스티나토 / 멜로디적 형태 만들기

2. 청각적 감수성을 개발한다.
    가) 귀 기울여 듣기, 주의 깊게 듣기
    나) 공간 안에서의 음향(소리)을 지각하기
    다) 악기의 소리들을 구별하기
    라) 음악적 중점들을 감지하기
    마) 음악적 형태를 파악하기

3. 다양한 음향의 경험을 수집하기. 음향을 미세하게 구별하기

4. 음향적인 표상과 상상을 개발하기
    가) 외부로부터 내부로 : 음악적인 표현 내용을 느끼기(음악적인 자극이 마음속에서 어떤 표상을 떠올리게 하는 것)
    나) 내부로부터 외부로 : 마음속의 표상을 음악적으로 표현하기

5. 음악을 해석하기
   가) 음악에 어울리는 그림 그리기
   나) 음악에 맞추어 움직이기

6. 음악에 어울리는 이야기 만들어내기

7. 음악에 맞추어 악기로 반주하기

8. 음악적 형식을 사용하여 음향의 진행과정에 구조를 부여하기(예 : 반복, 대조, 론도, 변주 등)

9. 음악적인 긴장의 진행과정을 파악하기

10. 음악적인 대조개념을 묘사하기, 극단적인 단계영역으로부터 중간단계 영역으로, 상대적 상관관계에서 절대적 상관관계로 진행하기.
    가) 지각하기
       – 음색 지각하기(다이내믹, 음고, 아티큘레이션 등)
       – 템포(빠르기) 지각하기
       – 박자(음 길이) 지각하기
    나) 표현하기
       – 다이내믹
       – 템포(빠르기)
       – 박자(음 길이)
       – 아티큘레이션

- 음색
- 음고

11. 박자에서의 안정성과 유동성
    가) 음향 몸짓, 악기, 움직임 등으로 반주하기
        - 언어와 결부된 강조점들 / 시 /
        - 노래 / 언어와 결부되지 않은 음악적 구조들
    나) 신체타악기, 음향적 표현
        - 무릎 치기
        - 손뼉치기 / 발 구르기 / 손가락 튕기기
    다) 타악기 놀이
        - 가죽 악기
        - 나무와 금속으로 된 작은 타악기들
        - 실로폰, 메탈로폰
    라) 공간 안에서의 신체 움직임, 전진 운동

12. 리듬의 유형들을 재현하기
    가) 언어
        - 각운, 속담, 시 / 난센스 운문 / 리듬언어
    나) 신체 타악기, 음향적 표현
        - 무릎 치기 / 손뼉치기 / 발 구르기 / 손가락 튕기기
    다) 타악기
        - 가죽 악기
        - 나무와 금속으로 된 작은 타악기들
        - 실로폰, 메탈로폰

13. 자신의 목소리를 선입견 없이 다루기
    가) 계명으로 된 선율적 유형들
    나) 행동을 수반하는 놀이노래, 춤노래
    다) 구조적으로 조직된 음성 실험적 진행 과정들

14. 숙련된 음악적 기억을 통해 레퍼토리 습득하기
    가) 각운, 속담, 시
    나) 노래
    다) 춤
    라) 악기 반주의 유형 / 오스티나토

참고 문헌

김신희, 이수연(2005). 오르프 음악치료. 정현주 외(저). 음악치료 기법과 모델 (pp. 61-83). 서울: 학지사.

이희숙(2009). 거인과 생쥐의 오르프 음악여행: 교사용 지도서. 경기: 음악세계.

정현주(2005). 음악치료의 적용과 이해. 서울: 이화여자대학교 출판부.

최애나(2008). 오르프 음악치료. 이은진 외(저). 예술심리치료의 이해 (pp. *131-190*). 서울: 창지사.

한국오르프음악교육연구소 (2010). 창의적 음악교육을 위한 Orff Point. 서울: 예솔.

Banks, S. (1982). Orff-Schulwerk teaches musical reponsiveness. *Music Education Retardation, 12*(3), 36-39.

Hollander, F., & Juhrs, P. (1974). Orff-Schulwerk, an effective treatment tool autistic children. *Journal of Therapy, 11*(1), 1-12.

Orff, G. (1974). *The Orff music therapy: Active furthering of the development of the child*. London: Schott.

Ponath, L. H., & Bitcon, C. J. (1972). A behavioral analysis of Orff-Schulwerk. *Journal of Music Therapy, 9*, 56-63.

Shamrock, M. (1986). Orff-Schulwerk: An integrated foundation. *Music Educators Journal, 72*(6), 51-55.

Thomas, J. (1980). Orff-based improvisation. *Music Educators Journal, 66*(5), 58-61.

Warner, B. (1991). *Orff-Schulwerk: Applications for the classroom*. NJ : Prentice-Hall.